Intensivkurs für Führungskräfte
Informationsverarbeitung in der Praxis

Intensivkurs für Führungskräfte

Herausgegeben von Prof. Dr. Peter R. Preißler

Rainer Thome

Informationsverarbeitung in der Praxis

verlag moderne industrie

CIP-Kurztitelaufnahme der Deutschen Bibliothek

Thome, Rainer:
Informationsverarbeitung in der Praxis /
Rainer Thome. – Landsberg am Lech : Verlag
Moderne Industrie, 1986
   (Intensivkurs für Führungskräfte)
   ISBN 3-478-34870-6

© 1986 Alle Rechte bei verlag moderne industrie AG & Co., Buchverlag
8910 Landsberg am Lech
Satz: Fotosatz Roßkopf GmbH & Co. KG., 8901 Königsbrunn
Druck: Kessler, Bobingen
Printed in Germany 340 870
ISBN 3-478-34870-6

Inhaltsverzeichnis

Abbildungsverzeichnis 11

Vorwort 13

Einleitung 15

Eingangstest 17

Erster Lehrabschnitt: 21
1.   Auch Ihre Daten werden elektronisch verarbeitet
     WIE kommt man mit der maschinellen Informations-
     verarbeitung in Berührung 21
1.1 Kaum fängt das Baby an zu schreien, steht es schon in
     drei Dateien 22
1.1.1 Familienbande im Speicher des Einwohnermeldeamtes 24
1.1.2 Das geht leider nicht mehr – wir arbeiten jetzt mit
     Computern! 26
1.2 Der verdienende Mensch und die GNOFÄ 28
1.2.1 Die Technik zwingt die Bürokratie 29
1.2.2 Das Spinnennetz der Bits 32
1.3 Die Individualisierung der maschinellen Informations-
     verarbeitung 34
1.3.1 Die zweiseitige Geschichte der maschinellen Infor-
     mationsverarbeitung 36
1.3.2 Wo kann der Computer nicht eingesetzt werden? ... 38
1.3.3 Die Revolution kommt erst noch 39
1.4 Übungen und Testaufgaben zum ersten Lehrabschnitt 43

Zweiter Lehrabschnitt: 45
2.   Funktionsprinzip 0,L
     WIE ein Computer aufgebaut ist und arbeitet 45
2.1 Computer = Rechner 45

2.2	Speichereinheiten	49
2.3	Ein-/Ausgabeeinheiten	53
2.4	Spezialperipherie	59
2.5	Marktübersicht	60
2.6	Übungen und Testaufgaben zum zweiten Lehrabschnitt	65

Dritter Lehrabschnitt: 67
3.	Software bedeutet hard facts WIE Programme entstehen und funktionieren	67
3.1	Betriebssystem	68
3.2	Anwendungsprogramme	71
3.3	Programmiersprachen	73
3.4	Nichtprozedurale Sprachen	83
3.5	Programmstruktur	85
3.6	Befehlsstruktur	86
3.6.1	Definitionsbefehle	87
3.6.2	Ein-/Ausgabe-Befehle	89
3.6.3	Rechenbefehle	89
3.6.4	Vergleichs- und Sprungbefehle	91
3.7	Übungen und Testaufgaben zum dritten Lehrabschnitt	92

Vierter Lehrabschnitt: 95
4.	Einheit von Zeit und Raum – Neue Wege der Kommunikation WIE Informationsverarbeitung und moderne Telekommunikation zusammenwachsen	95
4.1	Von Aida bis Zuckmaier nur noch Bits	96
4.2	Postdienste: BTX, Telefax, Teletex	97
4.2.1	Bildschirmtext	99
4.2.2	Telefax	102
4.2.3	Teletex	103
4.3	Informationsnetze: Gewebe aus Kupfer, Glas und elektromagnetischen Wellen	105
4.3.1	Leitungsvermittlung	105
4.3.2	Paketvermittlung	106
4.4	Übungen und Testaufgaben zum vierten Lehrabschnitt	107

Fünfter Lehrabschnitt: 109
5. More money makes late software later
WIE aus der Ist-Analyse eine Soll-Konzeption entwickelt wird 109
5.1 Entwicklungsschritte für Anwendungssoftware 110
5.1.1 Istanalyse 111
5.1.2 Sollkonzeption 112
5.1.3 Programmvorgabe 114
5.1.4 Programmierung und Test 120
5.2 Grundprinzipien für den Einsatz der maschinellen Informationsverarbeitung 122
5.2.1 Integrationsprinzip 123
5.2.2 Vollständigkeitsprinzip 124
5.2.3 Anpassungsprinzip 126
5.2.4 Phasenkonzept 128
5.2.5 Wirtschaftlichskeitprinzip 130
5.3 Übungen und Testaufgaben zum fünften Lehrabschnitt 132

Sechster Lehrabschnitt: 135
6. Drum prüfe, wer sich ewig bindet ...
WIE kann man Hardware und Software auswählen .. 135
6.1 Markentreue – Markenabhängigkeit 135
6.2 Entscheidungsprozeß 137
6.3 Zentrale – dezentrale Informationsverarbeitung 138
6.4 Übungen und Testaufgaben zum sechsten Lehrabschnitt 141

Siebter Lehrabschnitt: 143
7. Der Weg in die immerwährende Abhängigkeit
WIE und in welchen Schritten soll die maschinelle Informationsverarbeitung in einem Unternehmen eingeführt werden 143
7.1 Ausbildung der Mitarbeiter 147
7.2 Dokumentation 149
7.3 Formularentwurf und Aufbereitung von Druckergebnissen 150

7.4		Datenerfassung – Der Weg vom Papier in den Computer	151
7.5		Wo steht das gute Stück	152
7.6		Kontinuierliche Betreuung nach der Installation	153
7.7		Gedächtnisstütze	154
7.8		Übungen und Testaufgaben zum siebenten Lehrabschnitt	157

Achter Lehrabschnitt: 159
8. Typische Anwendungsbereiche
WIE kann man FIBU, FAK, KAV, LUG, TEXT, CIM und CIB nutzen 159

8.1	FIBU	– Finanzbuchhaltung	159
8.2	FAK	– Fakturierung	161
8.3	KAV	– Kundenauftragsverwaltung	162
8.4	LUG	– Lohn- und Gehaltsabrechnung	162
8.5	TEXT	– Textverarbeitung	163
8.6	CIM	– Computer integrated manufacturing	165
8.6.1		Stücklistenverwaltung	168
8.6.2		Arbeitspläne	169
8.6.3		Arbeitsplatzverwaltung	170
8.6.4		Fertigungsauftragsverwaltung	171
8.6.5		Terminierungsrechnung	171
8.7	CIB	– Computer integrated bureau	172
8.8		Übungen und Testaufgaben zum achten Lehrabschnitt	187

Neunter Lehrabschnitt: 189
9. Datenschutz
WIE werden personenbezogene Daten ordnungsgemäß verarbeitet? 189

9.1	Datensicherung und Datenschutz	190
9.2	Bundesdatenschutzgesetz	192
9.2.1	Allgemeine Vorschriften	192
9.2.2	Behördendatenverarbeitung	193
9.2.3	Geschäftsbetriebsbedingte Datenverarbeitung	193
9.2.4	Geschäftsmäßige Datenverarbeitung	195

9.3	Alibi Datenschutz	195
9.4	Übungen und Testaufgaben zum neunten Lehrabschnitt	198

Zehnter Lehrabschnitt: 199
10. Lösungshinweise zu den Übungen und Testaufgaben 199

Glossarium 213

Literaturverzeichnis 224

Stichwortverzeichnis 225

Abbildungsverzeichnis

Abb. 1: Entwicklungsstufen von der Daten- zur Informationsverarbeitung mit Zeitraster

Abb. 2: Plattenstapel im Laufwerk mit Schreib-/Leseköpfen (IBM Werkbild)

Abb. 3: Schriftbilder verschiedener Druckersysteme

Abb. 4: Funktionsprinzip des Laserdruckers (Siemens Werkbild)

Abb. 5: OCR-Schriftmuster/BAR-Code-Muster

Abb. 6: Personal Computer (IBM-Werkbild)

Abb. 7: Universalcomputer – Großsystem (IBM-Werkbild)

Abb. 8: Phasen der Softwareentwicklung

Abb. 9: Konzept des Chief-Programmers-Team

Abb. 10: Muster DIN-Ablaufplan

Abb. 11: Muster Struktogramm

Abb. 12: Strukturelle Formen von Computerverbundnetzen

Abb. 13: Schichtenmodell der Bürokommunikation

Abb. 14: Multifunktionaler Büroarbeitsplatz (Triumph-Adler-Werkbild)

Abb. 15: Begriffsabgrenzung Datenschutz und Datensicherung

Abb. 16: Kurzleitfaden durch das Bundesdatenschutzgesetz

Vorwort

Die Buchreihe »Intensivkurs für Führungskräfte« will mit diesem Band »Informationsverarbeitung in der Praxis« den Bedürfnissen von Praxis und Theorie wiederum gleichermaßen gerecht werden. Vorhandenes Wissen soll intensiviert und aktiviert werden. Gleichzeitig soll neues Wissen auf der Basis intensiven Selbststudiums vermittelt werden. Der Autor dieses Bandes »Informationsverarbeitung in der Praxis« ist Garant für dieses hohe Anforderungsziel. Er berücksichtigt in diesem Werk neue wissenschaftliche Erkenntnisse, verliert aber nicht den Blick für die Bedürfnisse und Anforderungen der Wirtschaftspraxis. Durch eine lebendige Sprache und Beispiele zeigt er, daß die Informationsverarbeitung in unser aller täglichem Leben tiefgreifende, zum Teil unbewußt aufgenommene Veränderungen herbeiführte.

Die Zielgruppe, die in dem didaktisch vielfach bewährten Konzept in dieser Reihe angesprochen werden soll, setzt sich sowohl aus Praktikern der Führungsebene als auch Studierenden der Wirtschaftswissenschaften, Informatikern und all jenen Studienrichtungen zusammen, die heute mittelbar oder unmittelbar mit der Informationsverarbeitung zu tun haben.

Das didaktische Grundkonzept baut – wie die gesamte Reihe – auf der Erkenntnis auf, daß durch Wechsel zwischen zielorientierter Lehrstoffvermittlung und darauf aufbauenden Tests, Aufgaben und Übungen (vor allem auch auf der Grundlage des Multiple Choice-Verfahrens) in verhältnismäßig kurzer Zeit auch komplexe Wissensgebiete vermittelt werden können. Deshalb erfolgte wiederum die Aufgliederung des dem speziellen Informationsbedürfnis des angesprochenen Adressatenkreises angepaßten Lehrinhaltes zunächst in Lehrabschnitte. Diesen folgen jeweils entsprechende Tests, Übungen und Aufgaben, die sowohl der Wissensvermittlung als auch der Lernerfolgskontrolle dienen. Es werden abstrakte Sachverhalte durch Beispiele aus der täglichen betrieblichen Praxis verdeutlicht und die Gesamtzusammenhänge durch ergänzende Abbildungen veranschaulicht.

Dem Autor ist es gelungen, ein wirklich aktuelles und praxisorientiertes Buch zu schreiben, ein Buch, das zeigt, daß jeder von uns von der »Informationsverarbeitung« berührt und in sie einbezogen ist. Gerade die Aktualität, die Schnelligkeit der Entwicklung der Informationsverarbeitung und die in diesem Buch angesprochenen Themenkreise machen dieses Buch so interessant und wertvoll.

Berg am Starnberger See, im August 1986 Peter R. Preißler

Einleitung

Die schnelle Entwicklung der Computertechnologie ist heute allgemein bekannt. Einerseits als Jobkiller angeprangert, andererseits als Rationalisierungsinstrument par excellence angepriesen, entwickelt sich die Informationsverarbeitung mit Hilfe von Computern in den Unternehmen und der öffentlichen Verwaltung aber längst nicht so dynamisch wie es die Fortschritte in der Hardwaretechnologie glauben machen. Die vielseitige Anwendbarkeit der Computer, die ja nicht durch ihren strukturellen Aufbau auf die Bewältigung ganz bestimmter Arbeiten fixiert sind, sondern die durch augenscheinlich schnellen Austausch von Programmen zu neuen Funktionen veranlaßt werden können, verursacht auch tiefgreifende Änderungen der organisatorischen Situation der Unternehmen, die sie benutzen wollen. Ganz anders als beim Einsatz eines Gerätes, das bestimmte Hilfsfunktionen erfüllt, wie ein elektrischer Brieföffner, eine Schreibmaschine oder ein Lieferwagen, fordert der Computereinsatz organisatorische und konzeptionelle Entscheidungen. Die schnelle Entwicklung der elektronischen Rechenanlagen von Ungetümen, die in Laboratorien experimentell eingesetzt wurden, zu leistungsfähigen Geräten, die auf jedem Schreibtisch Platz finden, hat den Ausbildungseinrichtungen keine Gelegenheit gegeben einen Kenntnisstand zu schaffen, der den Umgang mit den neuen Hilfsmitteln selbstverständlich macht. Selbst heute ist man bezüglich der Ausbildungsschwerpunkte noch sehr zerstritten und kennt Studiengänge, die sich mehr theoretisch mit der Informationsbearbeitung beschäftigen genauso wie Disziplinen, die die Anwendungsorientierung verstärkt betrachten. In dieser Situation muß sich jeder, der in einem Unternehmen in Planung, Organisation und Entwicklung beteiligt ist, bemühen, ein Verständnis über die Informationsverarbeitungsmöglichkeiten mit Hilfe von Computern zu erlangen. Diesem Ziel gilt dieses Buch. Es versucht in anschaulicher Art und Weise die besonderen Anwendungsprobleme der maschinellen Informationsverarbeitung herauszustellen.

Es ist in neun aufeinander aufbauende Lehrabschnitte gegliedert. Man kann sie idealerweise in der vorgegebenen Reihenfolge durcharbeiten, die Fragen beantworten und mit Hilfe der Ergebnisse und Lösungshinweise im zehnten Lehrabschnitt nochmals überdenken. Für den technisch absolut nicht Interessierten ist es jedoch auch möglich, den zweiten Lehrabschnitt zu überspringen, der in die Funktionsweise der Datenverarbeitungsanlagen einführt. Auch der dritte Lehrabschnitt, der sich mit dem Aufbau von Programmen beschäftigt, kann unter Umständen wenig intensiv überflogen werden und dennoch ist es möglich, die nachfolgenden Lehrabschnitte zu verstehen. Für alle, die in irgendeiner Form an Entscheidungen über die Einführung der Datenverarbeitung beteiligt sind, ist im fünften Lehrabschnitt zusammengefaßt, welche Gesichtspunkte dabei zu beachten sind. Der achte Lehrabschnitt erlaubt den direkten Einblick in bestimmte Anwendungsbereiche.

Eingangstest

1. Welches sind die wesentlichsten Anwendungsbereiche für den Einsatz von Computern in Produktions- und Handelsbetrieben?

2. Welche wesentlichen Entwicklungsschritte hat die maschinelle Informationsverarbeitung gerade in den letzten Jahren durchlaufen, so daß es heute für fast keinen Betrieb mehr möglich ist, ohne ihre Unterstützung am Markt konkurrenzfähig zu agieren?

3. Welche Spezialkenntnisse brauchen Mitarbeiter eines Betriebes, die ihre Tätigkeit mit Hilfe von Computersystemen erledigen?

	ja	nein
Programmentwicklung		
Maschinenbedienung (Operating)		
Datenfernübertragung		
Codierung		
Systemanalysen		

4. Warum kann die Wirtschaftlichkeit des Einsatzes von Informationsverarbeitungsmaschinen erst beurteilt werden, wenn ein vollständiges Konzept für die Unterstützung aller Aufgabenbereiche eines Unternehmens vorliegt?

5. Welche Bereiche der Datenverarbeitung sind vom Datenschutzgesetz und den zugehörigen Verwaltungsvorschriften betroffen?

6. Welche Funktionen gehören zu einem integrierten Bürokommunikationssystem?

7. Warum muß man die Situation im Bereich der Softwareentwicklung nach wie vor als Krise bezeichnen?

8. Warum ist der Wechsel zu einem neuen Computersystem von einem anderen Hersteller so schwierig?

9. Ein Personalcomputer ist konzeptionell einfacher aufgebaut als ein Großrechner.

	ja	nein
	☐	☐

10. Computer sollten nur in der Verarbeitung von Massendaten oder für Wiederholvorgänge verwendet werden.

☐ ☐

11. Welche Schlüssel (als Teilenummer, Mitarbeiteridentifikation, Bestellnummer etc.) kann ein Computer richtig verarbeiten?

4711	☐	☐
311.714.831	☐	☐
Franz Müller	☐	☐
A7/Q8	☐	☐

12. Kenntnisse über die Einsatzmöglichkeiten von Computern benötigen im Unternehmen:

Rechenzentrumsmitarbeiter	☐	☐
Systemanalytiker	☐	☐
Geschäftsleiter	☐	☐
Sachbearbeiter	☐	☐
Führungskräfte	☐	☐

Erster Lehrabschnitt:

1. Auch Ihre Daten werden bereits elektronisch verarbeitet
WIE kommt man mit der maschinellen Informationsverarbeitung in Berührung

Wenn Sie Bürger der Bundesrepublik Deutschland oder eines der angrenzenden Nachbarländer sind, können Sie mit Sicherheit davon ausgehen, daß Daten zu Ihrer Person sowohl in verschiedenen Datensammlungen der öffentlichen Verwaltung als auch der von Ihnen selbst in Anspruch genommenen Dienstleistungsbetriebe gespeichert und verarbeitet werden. Es waren weniger künstlerische Ambitionen oder die Freude an historischem Ruhm, die bereits im Reiche Hammurabis und auch der Pharaonen dafür gesorgt haben, daß schriftliche Aufzeichnungen angelegt wurden. Es war vielmehr die Erkenntnis, daß die Verwaltung der Getreidescheffel, der Quadratmeter Ackerboden, der Kühe und Schweine sowie schließlich auch der Menschen ordentlich nur mit Hilfe von schriftlichen Aufzeichnungen durchgeführt werden kann. Die handfesten Tontafeln der Babylonier wichen bald den Papyrusrollen und erst jetzt, 3000 Jahre danach, vollzieht sich ein weiterer Wechsel auf ein noch leichteres und besser zu verarbeitendes Medium.

Die Verwaltungstechniken passten sich den Anforderungen immer in etwa an. Um einen Sklaven bei Kost und Logis als Arbeitskraft auszunutzen, brauchte man noch keine Lohnbuchhaltung und der Zehnte eines Jahresertrages konnte auch ohne ausgefeilte Abschreibungsmethodiken eingezogen werden. Wer jedoch eine Fahrzeugsteuer in Abhängigkeit vom Hubraum und den Abgaswerten des Verbrennungsmotors ermitteln und bei Nicht-Entrichtung automatisch mahnen will, der benötigt ein feines Instrumentarium, das außerdem in der Lage sein muß, sich auf

Änderungen einzustellen, die das politische Hin und Her immer mitbringt.

»Es begab sich aber zu der Zeit, daß ein Gebot von dem Kaiser Augustus ausging, daß alle Welt geschätzt würde« (Lukas 1.2). Diese wohlbekannte Textstelle erinnert uns an die großen Mühen, die Völker bereits vor Jahrtausenden auf sich genommen haben, um eine statistische Festschreibung ihrer Zahl zu erhalten. Während die Bevölkerung damals beschwerliche Reisen auf sich nehmen mußte, um der Pflicht des Gezähltwerdens nachzukommen, ist man heute kaum mehr bereit, einen ins Haus geschickten Fragebogen auszufüllen, mit der Begründung, die erfragten Informationen seien den staatlichen Stellen allbereits bekannt.

Worauf gründet sich die Vermutung, daß trotz der ungleich höheren Mobilität der Bevölkerung der wesentlichen größeren Zahl von Personen und dem gezielten Anspruch der Einwohner auf Leistungen des Staatswesens alle notwendigen Informationen bereits vorliegen würden? Es ist die Fortschreibungstechnik der Einwohnermeldeämter.

1.1 Kaum fängt das Baby an zu schreien, steht es schon in drei Dateien

Die Geburt eines jeden Kindes muß innerhalb von wenigen Tagen dem zuständigen Einwohnermeldeamt mitgeteilt werden. Neben seinem Namen und dem Geschlecht werden auch die Eltern des Kindes notiert. Man kommt dieser Vorschrift nicht allein aus Pflichtbewußtsein nach, sondern weil auch handfeste Vorteile winken, wie z. B. Kindergeld-Zahlung. Im Einwohnermeldebereich ergänzt sich die Interessenlage auf beiden Seiten. Der Bürger möchte Bescheinigungen über seine Existenz und die seiner Angehörigen in Form von Ausweisen und Meldebestätigungen, die Behörde möchte eine möglichst lückenlose Erfassung aller in ihren „Mauern" auf Dauer beherbergten Personen.

Wir sind so sehr daran gewöhnt, daß es fast Stoff für einen Alptraum abgeben könnte, gar nirgendwo gemeldet zu sein. Ein Flug ins Ausland wäre einem ebenso unmöglich wie die Eröffnung eines Kontos oder die Ablegung einer Führerscheinprüfung. Es stört folglich wohl kaum einen Bürger, daß das Einwohnermeldeamt seinen Namen und seine Adresse kennt. Empfindlicher reagieren jedoch schon viele, wenn die Familienbande in den Aufzeichnungen der Meldeämter nachgeknüpft werden. Selbstverständlich notwendige Verbindungen des hilflosen Babys zu seinen Eltern, die auch ihren dokumentarischen Niederschlag finden, können andererseits nach 20 Jahren auch die Verbindung eines Ehrenbürgers zu einem Schwerverbrecher aufdecken. Und dies in logischer Konsequenz, über mehrere Generationen und, da der Bund fürs Leben vom Standesamt abgesegnet und ebenfalls vom Einwohnermeldeamt registriert wird, auch zwischen verschiedenen Familienstammbäumen.

Damit wird auch klar, warum die Ämter gerne technische Methoden aufgreifen, die allen, den Keilschrifttafeln nachempfundenen, Formularblättern überlegen sind. Verknüpfungen zwischen verschiedenen Personen sind nämlich nur durch aufwendige doppelte Aufschreibungen oder durch Verweise zwischen verschiedenen Aktenblättern möglich. Beide Methoden sprengen bald ihren eigenen Rahmen und damit können Informationen, die den Einwohnermeldeämtern zwar im Grunde zur Verfügung stehen, dennoch nicht genutzt werden, da es einfach mit konventionellen Mitteln nicht praktikabel erscheint.

Die elektronische Datenverarbeitung, die es erlaubt, Milliarden von Buchstaben oder Ziffern in einem Speicher von der Größe einer Schwarzwald-Sahnetorte unterzubringen, ermöglicht auch leicht alle Arten von Verknüpfungen, wenn die Informationsbestände in Form von Dateien nur geschickt genug angelegt worden sind. Auch das Herausfinden von einzelnen Angaben oder auch Beziehungen von Angaben untereinander geschieht, ganz ohne Aktenstaub aufzuwirbeln.

Für den von der Bürokratie geplagten Bürger ist es zwar kaum vorstellbar, technisch aber sehr wohl möglich, bei einer elektronischen Einwohnerdatenführung einem Paß- oder Personalausweis-Antragsteller nach einer Überprüfung der Sachlage, die in Sekundenbruchteilen erfolgt, das Dokument sofort über einen entsprechenden Spezialdrucker auszustellen. Er spart nicht nur Wartezeiten, sondern auch Fahrtkosten im Vergleich zu dem heute üblichen Verfahren des zweimaligen Erscheinens.

1.1.1 Familienbande im Speicher des Einwohnermeldeamtes

In einer herkömmlichen Einwohnerverwaltung werden Meldebögen oder Meldekarten ausgefüllt und aufbewahrt. Es handelt sich dabei um Formulare, auf denen für alle, die Einwohnerbehörde interessierenden Fakten, entsprechende Rubriken vorgesehen sind. Treffen auf einen bestimmten Einwohner Merkmale nicht zu, wie Name des Ehegatten bei einem Ledigen, so bleiben diese Felder einfach frei. Obwohl es im Grunde genauso möglich wäre, Einwohnerdaten auf den Speichereinheiten elektronischer Datenverarbeitungsanlagen abzuspeichern, indem man für alle möglicherweise zutreffenden Merkmale entsprechende Felder vorsieht und diese bei Nichtgebrauch einfach frei läßt, wird jedoch etwas anders verfahren. Insbesondere versucht man, die mehrfache Speicherung der gleichen Angaben zu vermeiden und auch leere Felder sind nicht erwünscht, da sie nur unnötig Platz belegen. Der Hauptgrund für die Bemühungen, Daten nur einmal zu speichern, wie z. B. die Wohnanschrift der in einer Gemeinschaft lebenden Familienangehörigen, ist die damit verbundene Eleganz bei eventuellen Änderungen. Sind auf den Formularen einer 5-köpfigen Familie jeweils die Wohnanschriften komplett eingetragen, so müssen sie bei einem Umzug auch wiederum alle geändert werden. Kann man jedoch durch eine geschickte Verweisorganisation von den individuellen Daten jedes Familienmitglieds auf die gemeinsamen Daten aller Familienmitglieder (z. B. Anschrift) verweisen, so muß dann diese Anschrift nur ein einziges Mal geändert werden, was neben der Zeitersparnis auch eine generelle Verbesserung der Korrektheit aller Daten mit sich bringt.

Um dieses Ziel zu erreichen, wird ein Prinzip angewandt, das im Grunde ganz einfach ist und bereits erwähnt wurde. Die Daten, die eine Person beschreiben (egal, ob Erwachsener oder Kind) und nur individuell für diese Person gelten, werden in einem sogenannten

Datensatz (entspricht dem Formular) zusammengefaßt. Mit Hilfe einer Personalnummer oder natürlich auch des Namens können genau diese Daten wieder aufgefunden werden, so wie ein Sachbearbeiter seine Karteikarten nach den Namensschildchen durchsucht. Alle Daten, die zwei oder mehrere Familienangehörige gleichzeitig betreffen, werden wiederum in gemeinsame Datensätze zusammengeführt und können über Hinweisfelder, die in den individuellen Datensätzen eingebaut sind, ebenfalls zugegriffen werden. Die Vorteile dieser Organisation liegen klar auf der Hand. Jede Angabe wird nur einmal gespeichert. Die vermeintlichen Nachteile, die in einer umfänglicheren Suche und mehreren Zugriffen auf die einzelnen Bestandteile der Gesamtdaten bestehen, gelten nicht, da die gesamte Datensatzsuche und Verwaltung automatisch erfolgt.

In Bruchteilen von Sekunden kann ein Computersystem einzelne Datensätze aus seinen Speichereinheiten herauslesen und auf einem Bildschirm oder einem Drucker ausgeben.

Genau wie die technisch begründeten Verweise zwischen Datensätzen mit individuellen Informationen über eine Person zu Datensätzen mit gemeinsamen Informationen von mehreren Personen, können natürlich auch Verknüpfungen zwischen Personen und zwischen Personen und anderen Sachverhalten maschinell geführt und sehr schnell rekonstruiert werden.

In Erweiterung dieser Technik hat man bei den Einwohnermeldeämtern das Konzept der »Hilfsregister« aus der konventionellen Organisation von Datenbeständen übernommen. So gibt es maschinell geführte Listen, die es möglich machen, alle Einwohner eines Wahlbezirks, alle Impfpflichtigen eines bestimmten Termins in einem bestimmten Stadtbereich, alle Wahlberechtigten eines Wahllokals, alle Einwohner einer Straße bzw. eines Wohnblocks schnell aufzufinden und auszugeben. Die wesentliche Organisation der Einwohnerbestände ist damit auch schon insgesamt skizziert.

Jeder Bürger hat einen sogenannten Einwohnerstammsatz, in dem seine personenbezogenen Daten und die zu seiner Person wichtigen Verknüpfungshinweise geführt werden. Dazu kommen die Datensätze mit Informationen, die für mehrere Personen gemeinsam gelten. Komplettiert wird das System durch Hilfsregisterdaten, die Suchvorgänge nach Personengruppen wesentlich vereinfachen und beschleunigen.

Aus Sicht der Einwohnerverwaltung werden damit enorme Arbeitsvolumina – ziemlich stumpfsinniger Tätigkeit – vermieden, wie das Ausschreiben von Impfbenachrichtigungen oder von Wahlberechtigungsscheinen.

1.1.2 Das geht leider nicht mehr – wir arbeiten jetzt mit Computern!

Diese hier als Überschrift benutzte Aussage hat wohl jeder von uns schon mehrfach zu seinem Ärger vernommen. Sie unterstreicht den typischen Standardisierungseffekt jedes Automatisierungsvorganges. Während dies im technischen Bereich häufig problemlos ist, wird der Spielraum einer Organisation möglicherweise nachteilig eingeschränkt. Die großartige Automatisierungserfindung von Stevenson, die darin bestand, daß er den Griff des Ventilhebels einer Dampfpumpe mit dem Pleuel so verband, daß sich die Dampfpumpe selbständig steuerte, hatte nur Vorteile. Der repetitive Vorgang, der zuvor mit der Hand ausgeführt werden mußte, wurde jetzt als Nebeneffekt miterledigt. Die Variabilität der Einsatzmöglichkeiten einer solchen Maschine wurde durch die automatische Ansteuerung in keiner Weise eingeschränkt. Ganz anders sieht es jedoch aus bei der Automatisierung komplizierter Abläufe im organisatorischen Bereich.

Die Flexibilität eines Schalterbeamten ist zwar durch Vorschriften im Prinzip auch beschränkt. Im bürokratischen Idealfall sollte sogar seine Verfahrensweise durch die Vorschrift in jeglicher Hinsicht festgelegt sein. Trifft eine solche Vorschrift auf einen Beamten mit entsprechender Mentalität, so stöhnen die Schalterkunden unter der »Bürokratie«. Zum Glück sind jedoch auch die Schalterbeamten vernunftbegabte Wesen und daher werden sie in Sonderfällen von den Vorschriften, die sich nur auf die Normalabwicklung beziehen, abweichen können und dies auch tun.

Eine automatisierte Abwicklung kann jedoch nur der Ablaufvorschrift folgen, die im Falle der elektronischen Datenverarbeitung in einem Programm niedergelegt ist. Es ist in der Regel nicht das grundsätzliche Unvermögen der Maschine, sondern vielmehr die Nachlässigkeit der Entwickler von Programmen, die in Vorbereitung ihrer Arbeit den zu automatisierenden Ablauf in allen Sonderfällen hätten untersuchen und beschreiben müssen. Dieser als »Systemanalyse« bezeichnete Vorgang wird in vielen Fällen zu nachlässig ausgeführt und verursacht damit bei der Anwendung der Programme, die dann nur auf einer vereinfachten – oder sogar falschen – Beschreibung der Vorgänge aufbauen, Fehler oder Verärgerung der Beteiligten. Man hat mittlerweile trotz der erst jungen Geschichte der Anwendung von Computern in Wirtschaft und Verwaltung gelernt, daß ein Computerspezialist alleine, auch wenn er noch so hervorragend Programme entwickeln kann, nicht in der Lage ist, ein zu automatisierendes Aufgabengebiet selbständig zu analysieren und in alle wichtigen Einzelschritte zu zerlegen. Man geht daher heute häufig davon aus, daß Programmentwicklungsteams gebildet werden, in denen neben den eigentlichen Programmierern auch Mitarbeiter der später maschinell zu unterstützenden Fachabteilungen sitzen, um damit die Erfahrung bei der Bearbeitung der anfallenden Vorgänge mit in die Programmentwicklung einzubringen.

An dieser Stelle muß ein weiteres Problem dargestellt werden, das bei der Neueinführung der Datenverarbeitung in vielen Unternehmen und öffentlichen Verwaltungen auftritt. Man könnte dieses Problem als »Hasensyndrom« bezeichnen, da der Ablauf der EDV-Einführung häufig dem Zick-Zack-Fluchtweg eines Hasen eher vergleichbar ist, als der sukzessiven Planung einer konsequenten EDV-Einführung.

Die Ursache für die Schwierigkeiten ergibt sich aus der Unmöglichkeit, alle Phasen eines komplizierten Ablaufes und alle damit beteiligten Mitarbeiter von heute auf morgen in ein automatisiertes Verfahren zu überführen. Es muß folglich ein schrittweises Vorgehen akzeptiert werden. Dies darf jedoch unter keinen Umständen dazu führen, daß einige bereits zu einem bestimmten Zeitpunkt installierte Arbeitsschritte ins »Nichts« führen, weil die nachfolgenden Bearbeitungsschritte noch nicht realisiert sind oder daß andere Arbeitsschritte, die von Anfang an gebraucht werden, auf Informationen aufbauen, die aufgrund des Fehlens der vorzuschaltenden Schritte noch nicht im System verfügbar sind und daher mit zusätzlichem manuellen Aufwand von den Mitarbeitern erst beschafft werden müssen. Alle Fehler bei der Auswahl einer Reihenfolge für die zu realisierenden Einzelschritte führen zu verständlichen Aversionen selbst bei zunächst der Datenverarbeitung durchaus aufgeschlossen gegenüberstehenden Mitarbeitern. Es ist ein immer wieder zu beobachtender Fehler, daß aufgrund gerade akuter Not ein Teilbereich eines Betriebs eine EDV-maschinelle Unterstützung erfahren soll und dabei aus Zeitgründen, wegen vermeintlich einzusparender Kosten oder weil schlicht jede Einsicht fehlt, kein übergreifendes Konzept realisiert wird, an dem sich auch eine vorläufig isolierte DV-Unterstützung orientieren müßte. Dies führt dann zu Verzögerungen der Gesamtfertigstellung eines EDV-Projektes und bietet über viele Jahre Anlaß für wiederholten Ärger, da die nichtkonsistent geplanten Einzelentwicklungen nachher nur außerordentlich schwierig in eine sinnvolle Gesamtlösung zu überführen sind.

1.2 Der verdienende Mensch und die GNOFÄ

Als die Wirtschaftswissenschaften noch Cameralwissenschaften genannt wurden, war klar, daß die staatlichen Bestrebungen bezüglich der Erhebung von Steuern die Verbesserung der Situation der »Camera« zum Ziel hatten. Die Camera als Schatzkammer des Despoten vereinnahmte einen – aus heutiger Sicht geringen – Prozentsatz des Einkommens eines jeden Bürgers. Es wurde viel geschimpft, weil dieses Geld ganz offenbar in die Hand des Herrschers gelangte, der damit etwas »für sich« finanzieren konnte. In unseren heutigen Demokratien wird den Bürgern zwar mit Erfolg suggeriert, daß die Staatseinnahmen gleichzeitig auch Ausgaben zum Vorteil des Bürgers mit sich bringen. Jeder einzelne klagt aber trotzdem, da diese Einnahmen des Staates aus Steuern finanziert werden, die prozentual deutlich über den früheren Werten liegen.

Es ist für das Staatswesen von herausragender Bedeutung, die Verwaltung der Steuereintreibung so gut zu organisieren, daß der stetige Strom finanzieller Mittel gesichert ist und möglichst effektiv eingemahnt werden kann. Es nimmt daher wenig Wunder, daß gerade in diesem Bereich auch moderne Organisationsgrundsätze praktiziert werden. Die häufig beschworene Organisationsanpassung großer Verwaltungseinrichtungen an die elektronische Datenverarbeitung ist beim Finanzamt schon weit fortgeschritten.

Die *G*rundsätze der *Neu*organisation der *F*inanzämter – GNOFÄ – greifen das Rationalisierungspotential der Datenverarbeitung eindeutig auf und befreien die Finanzbeamten von Routinetätigkeiten, die auf die Datenverarbeitungseinrichtungen übertragen werden. Gleichzeitig können damit Mitarbeiter für verstärkte Prüfungen und Kontrollen von Sonderfällen bzw. Betrieben freigesetzt werden, was dem Finanzamt in der Regel zusätzliche Einnahmen verschafft. Bei einer derartigen Neuorganisation ist es von entscheidender Bedeutung, daß auch die Beschreibung der Aufgabenfelder und Tätigkeiten der einzelnen Arbeitsplätze, insbesondere von Sachbearbeitern, neu mitgestaltet werden. Man spricht von einer Aufgabe des verrichtungsorientierten Arbeitsplatzes zugunsten eines objektorientierten Arbeitsprinzips. Das bedeutet, daß ein Sachbearbeiter, der bisher von einem Vorgang nur einen Teilschritt bearbeiten durfte, jetzt mit maschineller Unterstützung einen Vorgangskomplex vollständig abarbeitet.

1.2.1 Die Technik zwingt die Bürokratie

Bei genauer Analyse des Parkinson'schen Gesetzes und unter Weglassung aller seiner ausschmückenden Begleitbeschreibungen bleibt als Kern die Kritik an der verrichtungsorientierten Arbeitsweise. Ein Sachbearbeiter bekommt laufend Vorgänge auf den Tisch, die ein in der Ablauforganisation logisch vor ihm sitzender Sachbearbeiter bereits in einer Art Teilschritt vorbereitet hat. Logisch hinter ihm sitzt wieder ein Sachbearbeiter, der die Vorgänge inclusive der neuen Beiträge des hier gerade beobachteten Sachbearbeiters bekommt und wiederum weiterbearbeitet. Die

Sachbearbeiterkette ist in ihrer Länge nicht beschränkt und kann durchaus in normalen Organisationen fünf bis sechs Personen umschließen. Problematisch ist an diesem zunächst durchaus einleuchtenden Vorgehen, das in etwa der Arbeitsteilung in einem Großbetrieb mit Serienfertigung entspricht, daß sich die Vorgänge alle unterscheiden und einer intensiven Einarbeitung bedürfen. Im Gegensatz zum Eindrehen von Schrauben oder Anschweißen eines Teils in einer flußorientierten Fertigung, bei der jede Arbeitskraft wiederholt immer genau den gleichen Arbeitsgang durchführt, soll sich der Sachbearbeiter geistig und gedanklich mit den Vorgängen auseinandersetzen, soll Unterlagen dazu einsehen und gegebenenfalls Vorschriften dazu heraussuchen. Damit bringt die Sachbearbeitertätigkeit einen hohen Anteil von Einarbeitungszeit mit sich. In der Fertigungsindustrie wird diese nicht-produktive Zeit als Rüstzeit bezeichnet. Seit vielen Jahren wird dort versucht, die Rüstzeiten durch geschickte Stückzahlwahl und Arbeitsvorbereitung gering zu halten. Im Bürogeschehen fängt man jetzt erst an, derartige Überlegungen für eine rationelle Organisation zu nutzen.

Das aus heutiger Sicht vorteilhafte, objektbezogene Vorgehen bedeutet, daß ein Objekt – das heißt ein Vorgang – von einem Sachbearbeiter vollständig bearbeitet wird, daß der Sachbearbeiter eine höhere Entscheidungskompetenz erhält und gleichzeitig – wenn eventuell auch nur für einen bestimmten Bereich von Vorgängen – eine umfassendere Gesamterfahrung bei der Bearbeitung von Vorgängen bekommt. Eine Rüstzeit fällt dadurch pro Vorgang nur noch einmal an und die Durchlaufzeit der Vorgänge kann ganz wesentlich verkürzt werden. Untersuchungen in der Industrie haben diese Überlegungen bestätigt (vergl. 6 und 5). In der öffentlichen Verwaltung können diesem Objektprinzip Überlegungen zur Verteilung der Verantwortung entgegenstehen.

Dieser Bereich der Informationsverarbeitung wird häufig als Bürokommunikation bezeichnet und gehört zu den jüngsten Anwendungsbereichen der maschinellen Informationsverarbeitung. Obwohl erst rund 20 Jahre in größerem Maß verbreitet, mußte die elektronische Datenverarbeitung in dieser Zeitspanne wesentliche Entwicklungsschritte durchlaufen, um heute eine maschinell-un-

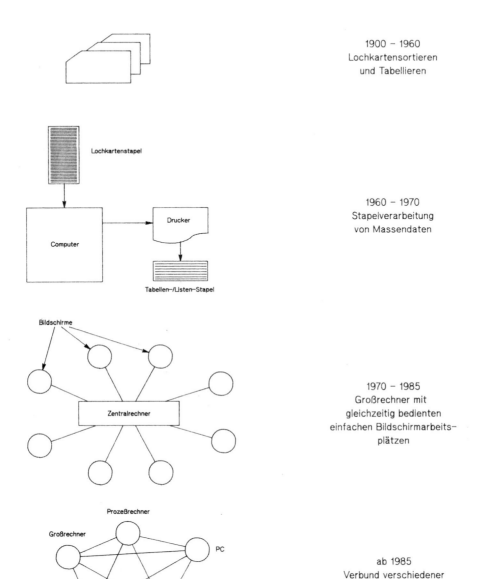

Abb. 1: Entwicklungsstufen von der Daten- zur Informationsverarbeitung mit Zeitraster

terstützte Bürokommunikation zu ermöglichen. Wie die Flugzeugentwicklung vom Hängegleiter über den motorgetriebenen Doppeldecker, dem Aluminium verkleideten mehrmotorigen Airliner bis hin zum düsengetriebenen Jumbo lief, so ging die Datenverarbeitung vom Lochkartensortieren über die Anlagen zur Auswertung in sehr großen Zahlen auftretender Vorgänge, über zentrale Systeme mit vielen angeschlossenen Bildschirmen bis hin zur Vernetzung von Rechnern mit intelligenten Stationen am Arbeitsplatz und großen Systemen zur Informationsspeicherung als Zentraleinrichtung eines Unternehmens.

Neben der konzeptionellen Entwicklung dieser Verfahren war auch die laufende Preisreduktion eine entscheidende Voraussetzung dafür, daß heute ein Datenverarbeitungssystem für einen Betrieb von vornherein als ein verteiltes System konzipiert werden sollte, bei dem alle mit der Verarbeitung von Informationen Beschäftigten ein entsprechendes Bildschirmgerät am Arbeitsplatz haben.

1.2.2 Das Spinnennetz der Bits

Ein Bit ist definiert als kleinste Informationseinheit. Es kann nur zwei alternative Zustände annehmen, die in der Regel als 0 bzw 1 dargestellt werden. Erst die Kombination mehrerer Bits kann die Vielfalt der in unserem Sprachraum gebräuchlichen Zeichen (Buchstaben, Ziffern und Sonderzeichen) abbilden. Um eine Seite dieses Buches in Bits zu speichern, werden etwa 20 000 davon benötigt. Bei den heute gebräuchlichen Speichertechniken ist dies jedoch kein Problem, da ein einziger Plattenstapel mit etwa 30 cm Durchmesser und 20 cm Höhe bis zu rund 10 Milliarden Bits speichern kann. Anschaulicher wird diese Zahl durch den Hinweis, daß damit 500 000 Seiten auf einem solchen Speicher archiviert werden können. Der Inhalt von 1000 vollgepackten Aktenordnern könnte auf einem derartigen Plattenstapel gespeichert und jederzeit wieder auch in beliebiger Reihenfolge zugegriffen werden.

Ein netzförmiges Gebilde von Informationen über Personen, deren Tätigkeiten, Aufenthaltsorte, Einkünfte und Ausgaben, kann man sich als Verknüpfung all der Einzelinformationen vorstellen, die aufgrund des Einsatzes der maschinellen Datenverarbeitung bei Finanzämtern, Einwohnermeldeämtern, Versandhäusern, Lohnbüros usw. gespeichert werden. In der Regel fühlt sich ein Individuum weniger durch die Weitergabe von Einzelinformationen bedroht, auch wenn diese vertraulicher Art sind, als durch die Sammlung und Zusammenstellung von sehr vielen Angaben aus dem Privatleben. Man ist durchaus bereit, einem Bekannten, einem Arzt oder Geistlichen sehr persönliche Dinge mitzuteilen, aber man wählt dabei aus und berichtet nicht unkontrolliert jedem alles. Die Furcht vor den Mosaikbildern, die sich ein »big brother« anfertigen könnte, liegt in der fehlenden Nachvollziehbarkeit der Datenverknüpfungen für den Einzelnen und einem gehörigen Maß von Skepsis gegenüber einer Maschinerie, den Computern, deren Funktion man nicht begriffen hat.

Es gibt verschiedene Gründe, warum die Spinnennetz- oder Mosaiktheorie in der Realität nicht so wirkt, wie sie dramatisiert werden kann. Zum einen gibt es sehr wohl die Möglichkeit, wenn eine Institution Daten über eine bestimmte Person sammeln will und darf, diese auch ohne maschinelle Informationsverarbeitung zu erhalten. Dies hat die Geschichte bewiesen und wird auch heute tagtäglich traurig durch die Überwachungsmethoden bestätigt, die in vielen Ländern mit ganz konventionellen Mitteln praktiziert werden. Sie können die Betroffenen zum Gefühl des Verlustes jeder Privatsphäre treiben.

Des weiteren werden – zumindest heute – die Angaben zu Personen von den verschiedenen Institutionen des öffentlichen und privaten Bereichs unter unterschiedlichen Identifikationsmerkmalen, d. h. Nummern, abgelegt. Damit ist ein direktes Zusammenführen von Daten, die bei unterschiedlichen Institutionen gespeichert sind, nicht problemlos möglich.

Für die öffentlichen Einrichtungen, die Daten speichern, gilt (lt. Datenschutzgesetz, vergl. Kap. 9), daß sie nur solche Informationen speichern und auch von anderen Institutionen abfordern dürfen, die sie für die Bearbeitung ihrer Aufgabenstellung tatsächlich benötigen. Dies entspricht gleichzeitig guter Verwaltungspraxis und es ist auch in anderen Ländern, die nicht über eine Quellenabzugbesteuerung verfügen, sehr verbreitet, daß die Kraftfahrzeugämter oder Schiffsregistraturstellen dem Finanzamt über Jachten und teure PKW's Meldung erstatten.

Für die privaten Datenverarbeiter gilt neben den Vorschriften des Datenschutzgesetzes auch der ökonomische Grundsatz, daß sie nur Daten über Personen speichern, die ihnen z. B. im Sinne von Werbeaktionen hilfreich sein können und die sie andererseits zur Lohn- und Gehaltsabwicklung der Mitarbeiter benötigen.

Es ist vielleicht auch eine Frage der Entwicklung der gesellschaftlichen Meinung, ob man sich stärker bedroht fühlen sollte durch die Möglichkeit, daß Putzfrauen, Sachbearbeiter oder auch Einbrecher in der Lage sind, in den Akten bzw. Karteikarten Informationen aufzustöbern, sofern sie nur das Lesen gelernt haben; oder ob man sich eher davor fürchten muß, daß einer der wenigen autorisierten Personen in einem Unternehmen bzw. in einer staatlichen Stelle, die Zugang zu personenbezogenen Daten haben, diese unberechtigt zugreift und benutzt.

1.3 Die Individualisierung der maschinellen Informationsverarbeitung

Die gemeinsame Nutzung teurer technischer Einrichtungen durch mehrere Menschen hat Tradition. Die Kirchturmsuhr, die weithin sichtbar montiert wurde und die Eisenbahn als erstes maschinellgetriebenes Transportmittel sind nur Beispiele. So wie die persönliche Armbanduhr zu einer Selbstverständlichkeit geworden ist und auch viele Leute über ein individuelles Automobil verfügen, so entwickelt sich auch im Bereich der Datenverarbeitung ein Trend zur Nutzung individuell verfügbarer Datenverarbeitungsgeräte. Dadurch können selbstverständlich die persönlichen Bedürfnisse in Bezug auf Datenverarbeitungsleistung besser befriedigt werden. Es sind heute in durchaus überschaubaren Preiskategorien Geräte auf dem Markt, die in der Größe einer Reiseschreibmaschine eine komplette Tastatur, einen Bildschirm und zwei Laufwerke für spezielle kleine Platten zur Datenspeicherung beinhalten. Diese tragbaren Geräte und ihre etwas größeren Brüder auf den Schreibtischen, die als Personalcomputer bezeichnet werden, haben die momentan jüngste Revolution in der maschinellen Informationsverarbeitung eingeleitet. Die Prognosen, daß diese Geräte das Ende der großen – auch heute noch sehr teuren – zentralen Datenverarbeitungsanlagen bilden würden, waren zumindest etwas verfrüht. Auch bei diesen Großcomputern stand die Entwicklung nicht still und sie bieten heute erheblich höhere Durchsatzleistungen und wesentlich größere und auch billigere Speichermöglichkeiten als Kleinrechner. Die Lage stellt sich daher so dar, daß große Datenspeicher, die von mehreren Personen zugegriffen und bearbeitet werden müssen, am sinnvollsten zentral geführt werden, da sie dann auch leicht immer auf dem neuesten richtigen Stand gehalten werden können. Wenn die Programme zur Verarbeitung dieser Daten von allen Benutzern in gleicher Form benötigt werden, empfiehlt sich auch die Bearbeitung dieser Programme auf den großen Maschinen. Nur die individuelle Anforderung an Daten oder Programmleistung sollte auch individuell über personenbezogene Rechner abgewickelt werden. So ist es durchaus sinnvoll, daß der Verkaufsleiter eines Unternehmens sich die Umsatzzahlen der Kunden aus dem zentralen Unternehmensrechner in seinen Personalcomputer übertragen läßt, um dort nach verschiedenen Gesichtspunkten und Überlegungen diese Daten auszuwerten. Er stört dann den Verarbeitungsablauf im großen Rechner nicht und die Ergebnisse sind gleichzeitig von ihm in die verschiedensten Formen, in denen er sie präsentieren will, umsetzbar. Eine ähnliche Situation ergibt sich im Bereich der Produktionsplanung und -steuerung, da dort die große zentrale Datenverarbeitung trotz ihrer enormen Leistungsfähigkeit überfordert ist, wenn sie alle Informationen, die sich in den einzelnen Werkstätten laufend neu ergeben, aufarbeiten und in ihren Auswirkungen auf das gesamte Unternehmen hin überprüfen und auswerten sollte. Man versucht folglich, in diesem Bereich ein hierarchisches Konzept zu realisieren, indem nur die für die Gesamtunternehmung entscheidenden Informationen in der zentralen Datenverarbeitung geführt und weitergepflegt werden und nach unten über die Betriebsbereiche, Werkstätten, Abteilungen und Arbeitsplätze ein System verschieden großer Rechner installiert wird, die jeweils die für ihre Organisationseinheit entsprechende Daten speichern und verarbeiten.

1.3.1 Die zweiseitige Geschichte der maschinellen Datenverarbeitung

Die Überschrift ist in doppeltem Sinne doppeldeutig. Zum einen kann man »zweiseitige Geschichte« so interpretieren, daß die Entwicklung der Datenverarbeitung auf zwei Blatt Papier dargestellt werden kann. Dazu bedarf es auch gar keiner besonderen Abkürzungskünste, da die gesamte Entwicklungsdauer nur wenige Jahrzehnte umfaßt, die Entwicklungssprünge jedoch so fundamentaler Natur sind, daß die maschinelle Informationsverarbeitung heute jeden Bürger beeinflußt – zumindest in den industriealisierten Ländern. Hier soll jedoch kein historischer Abriß eingefügt werden, denn die wesentlichen Entwicklungsschwerpunkte sind in anderen Abschnitten skizziert.

Die andere Interpretationsmöglichkeit der Überschrift ist kritischer Natur. Die großartige innovative Leistung, die mit der Entwicklung von Informationsverarbeitungsmaschinen verbunden ist, bringt für all diejenigen, in deren Bereich diese Systeme eingesetzt werden, deutliche Änderungen, ja Umstellungen in den Arbeitsabläufen mit sich. Hier soll bewußt gemacht werden, daß die »Rückseite« der Datenverarbeitung in einer engen Wechselbeziehung zur Leistungsfähigkeit der Computersysteme steht, da diese fast immer in einer Mensch-bezogenen Umgebung eingesetzt werden und daher die Akzeptanz und das Verständnis ihrer Arbeitsweise wesentliche Grundvoraussetzungen für ihren effektiven Einsatz sind.

Die Entwicklung einiger Berufsgruppen in der Datenverarbeitung zeigt die Wechselwirkung zwischen technologischem Fortschritt und Anforderung an die damit umgehenden Menschen besonders gut auf.

Systemanalytiker
Programmierer
Codierer

Diese Dreiergruppierung war in den sechziger Jahren die typische Aufteilung zur Entwicklung von Programmsystemen. Der Systemanalytiker sollte das »System« untersuchen, dessen Ablauf maschinell unterstützt werden sollte. Er mußte alle alternativen Abläufe herausarbeiten und aus der Beobachtung des bisherigen Ist-Zustandes eine Konzeption für den maschinell-unterstützten Organisationsablauf geben. Diese Systembeschreibung im Sinne eines Soll-Konzeptes wurde an den Programmierer weitergeleitet, der die verbale und tabellarische Zusammenstellung des Systemanalytikers in einen algorithmischen Ablauf zu überführen hatte. Dieser Ablauf umfaßt die Beschreibung der für die Bewältigung der Aufgabe notwendigen Datenbestände und deren schrittweiser Fortschreibung sowie eine gegliederte Aufzeichnung des systematischen Ablaufs der Verarbeitung der Daten. Der Codierer schließlich mußte die Verarbeitungshinweise und die Definitionen der Datenstrukturen in eine der Datenverarbeitungsanlage verständliche Form übertragen. In den ersten Anfängen war dies eine sogenannte Maschinensprache, die eine abstrakte, dem Menschen sehr wenig zugängliche und merkbare Form hat, im weiteren Verlauf wurde dieser Zustand durch die maschinenorientierten Programmiersprachen verbessert, bei denen der Codierer dann bereits Namen für Datenfelder nach logischen Überlegungen, wie gute Merkbarkeit, vergeben konnte (vgl. Lehrabschnitt 3).

Die Entwicklung der Datenverarbeitungsmaschinen zu höherer Leistung, die sich insbesondere in einem größeren internen Speicher und einer schnelleren Verarbeitungsgeschwindigkeit niederschlug, erlaubte auch eine Komforterhöhung bei der Programmentwicklung. Es entstanden die sogenannten problemorientierten Sprachen. Mit diesen Sprachgebilden war es nur noch ein sehr kleiner Schritt von der Ablaufbeschreibung des früheren Programmierers hin zu einem Programm, das die Datenverarbeitungsanlage schon selbst verstehen konnte. Das Prinzip der problemorientierten Programmiersprachen ist relativ einfach zu verstehen. Sie erlauben die Formulierung von Problemen nach ganz bestimmten Regeln (Grammatik) mit ganz bestimmten Befehlsbegriffen (Wortschatz). In dieser Form der Maschine eingegebene Programme sind dann zunächst selbst Gegenstand der Verarbeitung. Die problemorientierten Anweisungen werden in Instruktionen der Maschinensprache umgesetzt. Dazu hat man für jede Programmiersprache Übersetzungsprogramme entwickelt. Damit war schlichtweg die Funktion des Codierers durch den Automatisierungsvorgang übernommen worden. Er wurde nicht mehr gebraucht.

Die Entwicklung komfortabler Programmiersprachen und vorgefertigte Programmteile, die für bestimmte Anwendungszwecke nur eingesetzt zu werden brauchen, ging schnell voran, so daß heute die Situation erreicht ist, daß die strenge Aufteilung zwischen Programmierer und Systemanalytiker fällt. Es entwickeln sich neue Berufsbilder, die teilweise als »Organisationsprogrammierer« bezeichnet werden und die Funktion des Systemanalytikers mit der des Programmentwicklers verbinden.

Alle drei Berufsgruppen waren jedoch auf der Seite der Datenverarbeitungsspezialisten beschäftigt, auf der noch immer ein Mangel an qualifiziertem Personal besteht. Dadurch wurden die nicht mehr benötigten Codierer zu Programmierern und heute stellen sich eben diese Leute auf die Funktion des Systemanalytikers in Verbindung mit Programmentwicklung ein.

Genauso wie bei der beschriebenen Innenwirkung auf das Datenverarbeitungspersonal selbst beeinflußt die Nutzung von Computern aber auch die Berufsgruppen, für deren Unterstützung sie eingesetzt werden. Ein Sachbearbeiter, der in einem Einwohnermeldeamt aus den Karteikarten die Adressen aller Impfpflichtigen aufnotierte, wird heute nach Einführung der Datenverarbeitung zumindest in dieser Funktion ganz sicher nicht mehr gebraucht. Ob es für ihn einen anderen Arbeitsplatz gibt, ist nicht sichergestellt.

1.3.2 Wo kann der Computer nicht eingesetzt werden?

Auf der Suche nach einem sicheren Arbeitsplatz auch für die nächsten 50 Jahre muß man für einen jungen Menschen, der bald ins Berufsleben eintreten will, überlegen, welche Arbeitsplätze hochwahrscheinlich nicht einer Automatisierung zum Opfer fallen. Hier zu einer längeren Aufzählung zu kommen, ist schwierig.

Ganz sicher zählen dazu Handwerksberufe, die Reparaturarbeiten in den sehr individuell angelegten Hausinstallationen vornehmen. Auch andere rein manuelle Tätigkeiten wie Mauern, Betonieren oder Gärtnern sind wohl kaum zu automatisieren – ob sie jedoch aufgrund der Nachfragesituation nach ihren Produkten sehr attraktiv sein werden, steht hier nicht zur Beurteilung.

Die rein manuelle Arbeit an wechselnden Baustellen und größtenteils im Freien ist auch nicht jedermanns Sache. Die Aufzählung mit anderen Berufen fortzusetzen, die heute noch in großer Zahl vorhanden sind und attraktive Arbeitsplätze bieten, ist sehr schwierig. Nicht allein die Wegrationalisierung von Arbeitsplätzen durch Umstellung auf Automaten, die bisherige manuelle Arbeitsgänge übernehmen, ist zu erwarten. Häufig wirkt auch die Kombination einer Organisationsumstellung, die durch den Automaten ausgelöst wird, mit dessen Funktion so, daß eine Arbeit gänzlich entfällt. Beispielsweise wurde das früher häufig benötigte Verkaufspersonal in Lebensmittelbetrieben nach und nach freigesetzt. Der Kunde muß sich seine Ware selbst aus dem Regal nehmen und an der Kasse wird von einer Maschine durch das Identifizieren eines speziellen Aufdrucks auf der Ware unmittelbar die Preisermittlung und die Ausgabe des Kassenbons übernommen.

Der in den vergangenen Jahren verbreitete Einsatz von Computern zur Bewältigung von Massenarbeiten ging relativ unauffällig vor sich. Erst die Verbindung einer informationsverarbeitenden Maschine mit einer ausführenden Maschine (im Sinne einer Stanze, Fräse oder eines Punktschweißgerätes) ließ das Potential dieser nicht nur die geistige Arbeit, sondern eben auch die manuelle Arbeit automatisierenden Systeme erkennen. Durch die Personalisierung der Informationsverarbeitung wird jetzt auch die letzte Schranke überwunden, die bisher noch die Nutzung der Datenverarbeitung für klassische individuelle Büroaufgaben verhindert hat.

1.3.3 Die Revolution kommt erst noch

Das Verhältnis der heutigen Informationsverarbeitung zur Datenverarbeitung von vor 15 Jahren ist vergleichbar dem Verhältnis zwischen einem Briefträger und einem Güterzug. Der Güterzug ist geeignet, große Lasten zwischen Ballungszentren zu transportieren, wobei möglichst keine Zwischenunterbrechungen stattfinden sollen. Genauso die frühere Datenverarbeitung, sie war darauf ausgerichtet, große Mengen von Daten durch gleichförmige Verarbeitungsprozesse zu schleußen und auch dabei sollten möglichst keine Unterbrechungen mit Sonderverarbeitungen auftreten.

Der Briefträger stellt die individuelle Post zu. Er benutzt einen Briefkasten nur dann, wenn er darin Post abzulegen hat und er geht den Weg in eine Sackgasse nur so weit, wie ein dort wohnender Empfänger Post bekommt. Er kann auch jederzeit noch mal zurücklaufen, wenn er feststellt, daß ein Brief in seiner Tasche an die falsche Stelle gerutscht ist. Dies entspricht der dialogorientierten personenbezogenen Datenverarbeitung von heute. Auch hier werden zwar sehr große Datenvolumina gespeichert; aber sie werden nicht routinemäßig durch die gleiche Verarbeitungsprozedur geschleußt. Sie stehen den Sachbearbeitern zur Verfügung, die bei individuellen Vorgängen auf die Daten direkt zugreifen, sie für die Entscheidungssituation nutzen und dann die modifizierten Ergebnisse oder die ergänzenden Angaben wieder an eine entsprechende Position im Speicher zurückschreiben. Die abzusehende Revolution der Informationsverarbeitung baut auf zwei Entwicklungen auf, die bereits heute funktionstüchtig realisiert sind und für die nur noch nicht die organisatorischen Umgebungsbedingungen in den Firmen geschaffen wurden, um sie in letzter Konsequenz zu nutzen.

Die eine Entwicklung besteht in den Armen und Beinen, die die Computer in übertragenem Sinne bekommen haben. Früher reine Informationsverarbeitungsmaschinen in dem Sinne, daß sie auch nur Informationen ausgeben konnten, arbeiten sie heute als Befehlsempfänger, die die Anweisungen in eine Bewegung und damit Arbeitsleistung umsetzen können. Die computergesteuerten Werkzeugmaschinen, kurz als CNC-Maschinen (computerised numerical control) bezeichnet, sind in der Lage, abstrakt vorgegebene Anweisungen im Sinne von Strecken, Bewegungsrichtungen, Werkzeugen, Schnittgeschwindigkeiten, Drehzahlen usw. in die Tat umzusetzen. Damit brechen die informationsverarbeitenden

Maschinen in die werkstattorientierten Produktionsbetriebe ein, wo sie auch dringend benötigt werden, bislang jedoch in Form der klassischen Computer nur zu Verwaltung von Materialbeständen und zur Einplanungsrechnung von Aufträgen benutzt werden konnten. In einer werkstattorientierten Fertigung werden typischerweise relativ kleine Lose mit wechselnden Einstellungen der Aggregate gefertigt. Allein die Umrüstzeiten verbrauchen einen großen Teil der Arbeitsplatzkapazitäten. Die deswegen fast krampfhaft versuchte Losbildung verursacht wiederum hohe Lagerbestände an Halbfabrikaten. Eine CNC-Maschine kann in einer solchen Umgebung fast ohne Umstellungszeitverlust Einzelstücke, d. h. Lose mit der Größe = 1 fertigen. Dadurch sinkt die Menge an einzulagernden Halbfabrikaten und gleichzeitig wird die Kapitalbindung reduziert. Daß die Maschinen auch relativ selbständig arbeiten und daher mehrere Aggregate von einem Spezialisten betreut werden können, ist im Grunde nur ein Nebeneffekt. Die Arbeitsproduktivität der Mitarbeiter wird wesentlich erhöht, die Gesamtzahl der Mitarbeiter kann bei gleichem Produktionsumfang deutlich zurückgenommen werden.

Die andere Basis der revolutionären Entwicklung liegt in der Personalisierung der Informationsverarbeitung und in der wesentlichen Leistungserhöhung, die eine bessere Kommunikation zwischen den benutzenden Menschen und der Maschine ermöglicht. Der Bildschirm – teilweise auch in Farbe – mit weit besserer Qualität als jedes Fernsehbild, wird zur Standardausrüstung. Die dazugehörige Tastatur erlaubt den unmittelbaren Dialog mit der Maschine. Auch hier ein Effekt wie bei der Fertigung, nicht die Serienproduktion wird unterstützt, sondern die individuelle Abarbeitung einzelner Vorgänge. Damit ist der Sachbearbeiter in die Lage versetzt, z. B. in direktem Kontakt mit dem Kunden oder Antragsteller einen Vorgang unter Rückgriff auf alle notwendigen Informationen vollständig abzuwickeln. Dabei werden enorme Rüstzeiten eingespart und die Arbeitsproduktivität dadurch erhöht. Die Konsequenzen für die Zahl der Arbeitskräfte sind offenbar.

Für den Produktions- und den Bürobereich ist festzustellen, daß die Tätigkeit für die verbleibenden Mitarbeiter insgesamt interessanter und anspruchsvoller wird. Da auf der einen Seite die großen

Losgrößen entfallen und auf der anderen Seite die künstliche Zerlegung der Arbeitsabläufe in gleiche wiederkehrende Arbeitsschritte aufgehoben wird, bleiben organischere und damit humanere Arbeitsaufgaben.

Während zur Zeit Textverarbeitungssysteme, Bürokommunikationssysteme, Datenverarbeitungssysteme sowie Produktionsplanungs- und Steuerungssysteme noch als isolierte Lösungen angeboten werden, die teilweise auch gar nicht miteinander verknüpft werden können, zeichnet sich doch schon deutlich ein Trend zu einer gesamten hierarchischen Struktur der Informationsverarbeitung in Unternehmen und Verwaltungen ab. Dort wird ein zentraler großer Rechner die gesamte Datenhaltung der Institution übernehmen. Er wird allen berechtigten Personen die für ihre Arbeit notwendigen Daten zur Verfügung stellen und durch die Einmalspeicherung aller Informationen auch in der Lage sein, jeweils die neuesten Daten den Benutzern verfügbar zu halten. Die Eingabe eines Auftrages durch den Auftragssachbearbeiter wird in Bruchteilen von Sekunden danach bereits dem Verkaufsleiter mit angezeigt, der gerade eine Statistik aufstellen läßt über die Verkäufe in einer bestimmten Region. Neben der zentralen Datenhaltung werden sich für die Verarbeitung der Daten – soweit es sich um Einzelvorgänge handelt – kleine Rechner durchsetzen, als Arbeitsplatzrechner, Tischcomputer oder Personalcomputer. Aufgaben der Massendatenverarbeitung, wie die Verarbeitung der Lohn- und Gehaltsabrechnung in einem Großunternehmen, werden in den notwendigen zeitlichen Abständen ebenfalls auf dem großen zentralen System abgewickelt, da dort auch die Ein-/Ausgabegeräte zur Verfügung stehen, die für eine solche Massendatenverarbeitung geeignet sind.

Bleibt die Frage, inwieweit die Sachbearbeiter Kenntnisse der Datenverarbeitung benötigen, um ihre Aufgabe auch in Zukunft durchführen zu können. Grundsätzlich ist sicher vorstellbar, daß die Tätigkeit auch ohne einschlägige Kenntnisse der Informationsverarbeitung ausgeführt werden kann. Für die Formular- und Karteikartenarbeit war auch nicht notwendig, Kenntnisse über die verschiedenen Druckverfahren solcher Vorlagen mitzubringen. Da die Tätigkeiten jedoch, wie oben geschildert, von einer ausschnittsweisen Bearbeitung von Vorgängen in großer Zahl zu einer umfassenden Bearbeitung von Vorgängen in entsprechend geringerer Zahl wechseln und damit eine Beurteilung der verschiedenen Fälle und jeweils eine Entscheidung mit Hilfe des Datenverarbeitungssystems notwendig wird, ist es für den Sachbearbeiter sicher vorteilhaft, die Grundprinzipien der maschinellen Informationsverarbeitung zu kennen; insbesondere muß er aber in der Lage sein, die neue Tätigkeit mit ihren hohen Qualifikationsanforderungen auszufüllen.

Zur Entwicklung komplexer Informationsverarbeitungssysteme werden auch in Zukunft sicher Mitarbeiter benötigt, die in der Art des Systemanalytikers den Ablauf der Vorgänge in ihrem Unternehmen bis ins Detail durchschauen und andererseits die Funktionsmöglichkeiten der maschinellen Informationsverarbeitung insoweit verstehen, daß sie in der Lage sind, eine entsprechende Vorgabe für die Entwicklung eines Programmsystems zu liefern. Die Entscheidungen bezüglich der gesamten Vorgehensweise und die Sicherstellung einer ausgereiften Konzeption für diesen bedeutsamen Schritt sind Aufgaben für ein Management, das die wesentlichen Probleme und Lösungsansätze der maschinell gestützten Informationsverarbeitung kennt.

1.4 Übungen und Testaufgaben zum ersten Lehrabschnitt

1. Warum können Daten über Personen zwischen den Speichern der Computer mehrerer öffentlicher Einrichtungen nicht ohne weiteres verknüpft werden?

2. Warum erlaubt der Einsatz der maschinellen Informationsverarbeitung die Umwandlung verrichtungsorientierter Arbeitsplätze in objektorientierte?

3. Welche Kriterien könnten einen Arbeitsplatz kennzeichnen, der auch durch die weitere Entwicklung der maschinellen Informationsverarbeitung nicht beeinflußt wird?

4. Inwieweit kann ein Personalcomputer als eigenständiges Rechnersystem einen Arbeitsplatz unterstützen, ohne auf andere Rechner innerhalb eines Unternehmens zuzugreifen?

5. Wie werden Programme heute in Maschinenbefehle umgesetzt?

	ja	nein
Durch ein Codierer	☐	☐
Durch ein Programm	☐	☐
Nicht mehr nötig	☐	☐

Zweiter Lehrabschnitt:

2. Funktionsprinzip 0,L
WIE ein Computer aufgebaut ist und arbeitet

In diesem Kapitel wird zunächst erläutert, wie ein Computer prinzipiell funktioniert. Dann folgt eine Übersicht der verschiedenen Arten und Größenklassen von Computern. Wie man für einen bestimmten Anwendungszweck ein geeignetes Gerät auswählt und welche Faktoren bei der Beschaffung und Installation zu beachten sind, ist in den Kapiteln 6 und 7 beschrieben.

2.1 Computer = Rechner

Wörtlich übersetzt ist ein Computer nichts anderes als ein Rechner. Wie bereits beschrieben, wird heute jedoch mit Computern viel weniger gerechnet als vielmehr das Speichern, Wiederfinden und Aufarbeiten von Daten betrieben. Man spricht deshalb heute auch von Informationsverarbeitung und weniger von Datenverarbeitung. Der Computer wurde damit zur Informationsverarbeitungsmaschine. Seine weiteren Namen, wie Elektronische Datenverarbeitungs-Anlage (EDV-Anlage) oder Automatischen Datenverarbeitungs-Anlage (ADV-Anlage), haben sich auch entsprechend weiterentwickelt zu Begriffen wie Informationsverarbeitungssystem oder gar Expertensystem und Künstliche Intelligenz. Auch wenn der Name Computer nicht mehr charakteristisch ist für die Aufgaben, die mit diesen Maschinen durchgeführt werden, so ist er noch immer charakteristisch und damit richtig für die Funktionsweise in der diese Maschinen arbeiten.

In einem Rechner müssen alle Zeichen, aus denen sich Daten und Informationen zusammensetzen, in Form von elektrischen (bzw. magnetischen) Signalen dargestellt werden, um sie verarbeiten bzw. speichern zu können. In unserem Zahlensystem sind wir an die Benutzung von 10 verschiedenen Ziffern gewöhnt, was wahrscheinlich von der Zahl unserer Finger herrührt. Dieses Zahlensystem hat sich als sehr praktisch erwiesen und es konnte daher das in unserem Kulturkreis zunächst stärker verbreitete römische Zahlensystem mit einem vollkommen anderen Aufbau verdrängen. Im Bereich der Buchstaben muß man fast von nationalen Unterschieden sprechen, da im englischen Sprachraum keine Umlaute existieren, im französischen Sprachraum Akzente hinzukommen und darüber hinaus die lateinischen Schriftzeichen in manchen Ländern noch mit Aussprachezeichen versehen sind. Es ist folglich ganz und gar nicht zwangsläufig notwendig, alle Gedanken, Informationen und Mengenangaben in 10 Ziffern und 26 Buchstaben auszudrücken. Wegen der elektrischen bzw. magnetischen Funktionsweise von Computern ist es hier ideal, nur zwei verschiedene Zustände zu unterscheiden, die man durch die beiden Symbole Ø und L darstellt. Das erste Symbol entspricht der Ziffer »NULL« mit einem zusätzlichen Schrägstrich und wird auch als 0 gesprochen. Das zweite Symbol entspricht dem Großbuchstaben L und wird als L oder 1 bezeichnet. Die Wertigkeit der beiden einzelnen Symbole ist genau identisch mit der Wertigkeit in unserem bekannten Dezimalzahlensystem. Ø = 0 und L = 1.

Da wir jedoch im dezimalen Zahlensystem der Stelle, an der eine Ziffer steht, große Bedeutung zumessen (01 DM und 10 DM), ist es vorteilhaft, wenn man den Symbolen sofort ansehen kann, ob sie dezimale Zahlen oder Zahlen des sogenannten dualen oder binären Zahlensystems darstellen, wie es in einem Computer benutzt wird. Denn während eine 1 im dezimalen Zahlensystem, wenn sie um eine Stelle nach links gerückt wird, d. h. wenn eine 0 dahinter eingefügt wird, ihren Wert um den Faktor 10 erhöht
10 = 10 mal 1, 100 = 10 mal 10, 1000 = 10 mal 100,
erhöht sich die Wertigkeit eines L wenn dahinter eine Ø eingefügt wird, nur um den Faktor 2
L (= dez. 1), LØ (= dez. 2), LØØ (= dez. 4).

Alle im kommerziellen Bereich eingesetzten Maschinen zur Informationsverarbeitung gehen heute von einer Darstellung der Informationen auf der Basis von zwei Zuständen aus und werden als digitale (digitus: = Finger) Computer bezeichnet, da sie mit genau unterscheidbaren Zuständen (Finger da / Finger nicht da) arbeiten. Intern werden die beiden Zustände sehr einfach mit »Strom vorhanden« bzw. »Strom nicht vorhanden« abgebildet. Der Informationsgehalt der beiden Zustände entspricht einem Bit (ein Kunstwort aus binary digit). Ein Bit ist die kleinste Informationseinheit, da es auf niedrigster Ebene ermöglicht, zwei verschiedene Zustände zu unterscheiden. Es ist sozusagen das kleinste Informationsquantum. Ist ein Bit »gesetzt«, so hat es den Inhalt »L«, ist ein Bit »nicht gesetzt«, so hat es den Inhalt »0«. Um mehr als nur zwei Informationen darstellen zu können, faßt man mehrere Bits zu einer Bitgruppe zusammen.

Jeder Kombinationsmöglichkeit von 0 und L in einer solchen Bitgruppe wird ein Zeichen aus dem dezimalen Zahlensystem oder aus dem Alphabet zugeordnet. Für die Darstellung der dezimalen Ziffern von 0 bis 9 ist mindestens eine Gruppe mit 4 Bits erforderlich.

Dualzahl	Dezimalzahl
0000	0
0001	1
0010	2
0011	3
0100	4
0101	5
0110	6
0111	7
1000	8
1001	9

Sollen noch weitere Zeichen im dualen System abgebildet werden, so muß man die Zahl der Stellen in der Bitgruppe vergrößern. Zur Darstellung der 26 Großbuchstaben und 26 Kleinbuchstaben unseres Alphabets, der 10 Ziffern unseres Zahlensystems sowie der Sonderzeichen (!, +, -, usw.) benötigt man insgesamt 8 Bits. Acht Bits bieten 256 verschiedene Kombinationsmöglichkeiten von 0 und L; damit kann jeder dieser Kombinationsmöglichkeiten ein Zeichen des dezimalen Zahlensystems oder des Alphabets zugeordnet werden. Wird also auf der Tastatur eines Computers der

Buchstabe a gedrückt, so speichert die Maschine in einer Gruppe von 8 Bits die Kombination L000000L und für jeden anderen Buchstaben sowie auch für das große A wird eine andere Kombination von 0 und L in einer 8-Bitgruppe abgelegt. Erst beim Anzeigen des gespeicherten Inhalts auf einem Bildschirm oder bei der Ausgabe auf einem Drucker werden die Kombinationen von 0 und L wieder in Zeichen des Alphabets oder des Zahlensystems zurückgesetzt. Diese Vorgehensweise erscheint dem menschlichen Beobachter ausgesprochen umständlich, sie bietet jedoch für die maschinelle Bearbeitung außerordentlich große Vorteile, da während der gesamten Speicherung und Verarbeitung von Informationen diese nur in digitaler Form als Bit-Kombinationen gespeichert sind und der Rechner sie auch im mathematischen Sinne vergleichen und verarbeiten kann. Der Aufwand zur Umwandlung der Zeichen bei der Eingabe und zur Rückumwandlung bei der Ausgabe ist technisch sehr gering und spielt daher kaum eine Rolle.

Das Kernstück jeder elektronischen Informationsverarbeitungsmaschine ist die sogenannte Zentraleinheit. Sie ist das »Gehirn«, das einerseits alle Berechnungen und Vergleiche ausführt sowie andererseits den einzelnen Komponenten des Gesamtsystems die Steueranweisungen erteilt. Damit werden die Komponenten, wie die Sinnesorgane und Glieder beim Menschen, zum Lesen von Datenträgern, zum Ablegen von Informationen und zum Ausdrucken bzw. Anzeigen von Ergebnissen veranlaßt.

Jede Zentraleinheit besteht wiederum aus zwei Hauptteilen, dem sogenannten Rechen-/Steuerwerk und dem Hauptspeicher. Das Rechen-/Steuerwerk sorgt für die Abarbeitung der einzelnen Befehle, aus denen sich ein Programm zusammensetzt und es führt die Rechenoperationen aus. Es kann nur in unmittelbarer Verbindung zum Hauptspeicher, das ist der Speicher in der Zentraleinheit, arbeiten. In ihm werden sowohl Programmbefehle als auch die zu bearbeitenden Informationen und Ergebnisse während der Ausführung bereitgehalten. Für die längerfristige Aufbewahrung von größeren Datenbeständen gibt es verschiedene sogenannte externe Speicher, die im weiteren noch beschrieben werden.

Der Hauptspeicher, der sich aus einer großen Zahl von Bits zusammensetzt, die jeweils in Gruppen von 8 Stück d. h. Bytes verknüpft sind, wird hauptsächlich durch seine Speicherkapazität beschrieben. Eine weitere interessante Maßzahl ist die Zugriffsgeschwindigkeit, d. h. die Geschwindigkeit in der im Speicher eine Information aufgefunden werden kann. Wie bei anderen Maßzahlen werden die Angaben durch Zusammenfassungen zu 1000 Stück (1 kg [kg = 1000 g Gramm]) verkürzt. Ein sogenanntes Kilobyte (KB) umfaßt aber nicht exakt 1000 sondern jeweils 1024 Bytes. Dies hängt mit dem dualen Zahlensystem zusammen, mit dem innerhalb des Computers gearbeitet wird. In 10 Bits lassen sich insgesamt 1024 Kombinationsmöglichkeiten von 0 und L bilden.

Kleine Computer, wie sie zum Teil auch schon für den Hausgebrauch angeboten werden, haben bis etwa 64 KB. Mittelgroße Maschinen haben Hauptspeicher von 512 KB bis zu 2 MB (1 MB [Megabyte] = 1048576). Große Computer schließlich verfügen über einen Hauptspeicher von 10 bis 20 MB. Der Hauptspeicher dient nur als unmittelbares »Gedächtnis« für die Arbeiten des Rechen-/Steuerwerks. Nur die Programmbefehle, die direkt ausgeführt werden sollen und die Informationen, mit denen aktuell gearbeitet wird, müssen im Hauptspeicher geladen sein. Für die längerfristige Archivierung ist der Hauptspeicher nicht geeignet, da er heute aus Halbleiterspeicher-Bauelementen hergestellt wird, die alle Informationen wieder vergessen, sobald die Stromversorgung unterbrochen wird. Der früher benutzte Kernspeicher war ein Hauptspeichertyp, der aus vielen winzig kleinen magnetisierbaren Ringen aufgebaut war, was den Vorteil der Nichtflüchtigkeit der Information hatte; andererseits war dieser Speichertyp nur aufwendig herzustellen und damit teuer und in der Abarbeitungsgeschwindigkeit deutlich langsamer als die heute verwendeten Halbleiterspeicher.

2.2 Speichereinheiten

Die Speicherung von Informationen erfolgt heute fast ausnahmslos auf Einheiten, die magnetisch/mechanisch arbeiten durch verschiedene Magnetisierungen einer Eisenoxydschicht auf einer Platte. Sog. Laserspeicher, die aus der Technik der Compact-Disc

(CD-Player) abgeleitet sind, gibt es heute erst vereinzelt. Sie besitzen zwar eine enorme Speicherfähigkeit, aber nur beim Herstellungsvorgang können Daten auf die Platte einmal aufgezeichnet und dann beliebig häufig gelesen werden (Nurlesespeicher).

Der Zugriff auf die gespeicherten Informationen erfolgt beim Magnetband durch Vorbeiführung des Bandes an den Schreib- und Leseköpfen. Magnetbänder und Magnetbandcassetten sind ein preiswerter externer Datenspeicher, der stets wiederverwendbar ist. Da die Bandspulen leicht aus den Laufwerken herausgenommen und durch andere zu ersetzen sind, hat man eine nahezu unbegrenzte Speicherkapazität zur Verfügung. Nachteilig wirkt sich bei normalem Anwendungsbetrieb aus, daß wie bei einem Tonbandgerät die Aufzeichnungen bei einem Magnetbandspeicher nur seriell hintereinander verarbeitet werden können. Beim Heraussuchen einer einzelnen Information können daher lange Suchzeiten auftreten. Bandspeicher werden heute nur für spezielle Aufgaben benutzt, wie Sicherungskopieren, Archivieren und Datenträgerversand, bei denen die serielle Speicherung nicht störend wirkt. Ansonsten werden sie von den Plattenspeichern verdrängt.

Bei der Magnetplatte erfolgt der Zugriff durch Drehung der Platte einerseits und der Einstellung des Schreib-/Lesekopfes (entsprechend dem Tonabnehmer beim Plattenspieler) auf die gewünschte Spur andererseits. In der Regel werden mehrere Platten (Scheiben) zu einem Plattenstapel zusammenmontiert. Dabei haben die auf einer gemeinsamen Achse sitzenden Platten jeweils einen so großen Abstand voneinander, daß ein Schreib-/Lesekopf dazwischengeschoben werden kann (Abb. 2). Die insgesamt verfügbare Plattenoberfläche ist durch die Anzahl der im Stapel montierten Platten entsprechend erhöht, was zu einer enormen Speicherkapazität führt. Je nach Ausführung des Geräts können bis zu 1,2 GB (Gigabyte = 1240600020 Bytes) gespeichert werden.

Ein Magnetband wird abschnittweise bewegt – immer dann, wenn eine Schreib- oder Leseaktion erfolgt. Es wird auf eine bestimmte Arbeitsgeschwindigkeit ruckartig beschleunigt, dann gleichmäßig durchgezogen bis zum Ende des zu verarbeitenden Datenblocks und dann abrupt auf Stillstand abgebremst. Die

Abb. 2: Plattenstapel im Laufwerk mit Schreib-/Leseköpfen (IBM Werkbild)

Magnetplatten drehen sich gleichmäßig mit fester Drehzahl. Dies bedingt nach dem Einschalten der Plattenlaufwerke bisweilen Wartezeiten, da vor Erreichen und Stabilisierung dieser Arbeitsdrehzahl (in der Regel 3600 Umdrehungen pro Minute) keine Zugriffe ausgeführt werden können.

Für jede Plattenoberfläche ist ein Schreib-/Lesekopf vorgesehen. Diese laufen nicht wie bei einem Plattenspieler in Rillen fest auf der Platte, sondern sie schweben über der Plattenoberfläche. Der Abstand ist dabei außerordentlich gering (1 bis 2 tausendstel Millimeter). Wird der Überflug der Köpfe durch beispielsweise ein Staubkorn gestört, so führt dies zu einem Schaden auf der Plattenoberfläche (head-crash), was unter ungünstigen Umständen den Inhalt der ganzen Platte unlesbar macht. Es ist daher bei jeder Art von maschineller Informationsverarbeitung von äußerster Wichtigkeit, alle Daten, die auf Plattenlaufwerken gespeichert werden, aus Sicherheitsgründen nochmals in bestimmten Zeitabschnitten (in der Regel täglich) auf einen Sicherungsdatenträger zu kopieren. Als Sicherungsdatenträger ist insbesondere das Magnetband geeignet.

Es gibt zwei wesentliche Unterschiede in den Bautypen von Plattenspeichern. Eine Gerätegruppe ermöglicht das Auswechseln der Plattenstapel, d. h. der eigentlichen Datenträger. Die andere Gruppe hat diese Stapel fest im Laufwerkgehäuse integriert, das hermetisch verschlossen ist. Die Möglichkeit des Wechsels von Plattenstapeln bringt eine quasi unendlich große Speicherkapazität mit sich. Durch Austausch der Stapel können dem Rechner vollkommen andere Datenbereiche zur Verfügung gestellt werden. Dieser Vorteil wird jedoch mit dem Nachteil einer etwas geringfügigeren Speicherkapazität (bei gleicher Größe) erkauft, denn die hermetisch abgeschlossenen Gehäuse der Festplattenlaufwerke können mit noch engeren Toleranzen arbeiten, da hier die Gefahr der Staubeinwirkung minimal ist.

Wegen der schnellen Zugriffszeiten von 10 bis 60 Millisekunden (0,001 – 0,006 Sekunden) auf einzelne Informationen eignen sich Magnetplatten bestens für eine komfortable und zügige Datenverarbeitung mit wahlfreiem Zugriff auf beliebige Einzelinformationen. Der Computer »muß wissen« auf welcher Plattenoberfläche und in welcher Spur die jeweils gewünschte Information gespeichert ist. Durch Positionierung des Abtastarmes über die gewünschte Spur und Einschalten des entsprechenden Lesekopfes kann jede Information gelesen werden, sobald sie auf der rotierenden Platte unter dem Lesekopf durchläuft. Die gespeicherten Daten können jederzeit geändert bzw. durch Überschreiben gelöscht werden. Auch die laufende Erweiterung eines Datenbestandes durch Anhängen von neuen Informationen ist problemlos möglich. Hier liegt der wesentliche Vorteil der Plattenspeicher. Sie können jede Information einzeln zugreifen, so wie beim Plattenspieler ein bestimmtes Musikstück direkt angewählt und abgespielt werden kann. Magnetbandspeicher finden durch sukzessives Durchsuchen des gesamten Informationsbestandes auf dem Band die gewünschte Eintragung, wie auch beim Tonbandgerät nur durch sukzessives Suchen ein bestimmtes Musikstück aufgefunden werden kann.

Die noch vor wenigen Jahren weit verbreiteten Datenträger Lochkarte und Lochstreifen, in die Informationen durch Lochkombinationen eingestanzt werden konnten, sind heute fast vollständig von Magnetbandcassetten und sogenannten Disketten verdrängt. Während die Magnetbandcassetten – in Form und Abmessung identisch mit den Musikcassetten – eine sukzessive Datenspeicherung entsprechend dem Magnetband erlauben, dienen die Disketten (auch Floppy-Disk genannt) als kleine Plattenspeicher, da sie ein wahlfreies Zugreifen auf bestimmte Einzelinformationen erlauben. Disketten sind jedoch weniger für die dauerhafte Benutzung und Datenspeicherung geeignet, da hier die Schreib-/Leseköpfe auf der Plattenoberfläche aufliegen, wodurch ein entsprechend hoher mechanischer Abrieb entsteht. Für das Sichern von Daten, eine kurzfristige Zwischenspeicherung und auch für den Versand von gespeicherten Informationen sind sie bestens geeignet.

Die Kapazität von Magnetbandcassetten liegt bei etwa einer Viertelmillion Zeichen pro Cassette, die Kapazität von Disketten variiert je nach Modell zwischen etwa dreihunderttausend und einer Million Zeichen pro Diskette.

2.3 Ein-/Ausgabeeinheiten

Bildschirmarbeitsplätze

Die Anzeige von Zwischenergebnissen und Hinweisen für den Bearbeitungsablauf erfolgt heute in der Regel auf Bildschirmen ähnlich den Fernsehgeräten. Sie unterscheiden sich davon jedoch durch ein nahezu flimmerfreies Bild mit guter Auflösung, das auch bei längerer Betrachtung keine Ermüdungserscheinungen verursacht.

Bildschirmgeräte, auch Datensichtstationen, Display oder Terminal genannt, erlauben dem Benutzer die unmittelbare Arbeit mit der Maschine. Die gesamte Mensch-Maschine-Kommunikation läuft über Datensichtstationen ab. Man spricht hierbei von dialogorientierter bzw. interaktiver Datenverarbeitung. Komplettiert wird die Datensichtstation durch eine Tastatur. Sie umfaßt in der Regel ein Schreibmaschinen- und ein Rechenmaschinentastenfeld. Leider sind bisweilen auch Tastaturen im Angebot, die im Zeichenvorrat weder Umlaute noch »ß« beinhalten. In seltenen Fällen kann es dazu noch vorkommen, daß keine Kleinbuchstaben eingegeben werden können. Dies entspricht nicht mehr dem allgemeinen Stand der Technik.

Der Ziffernbereich ist als Zehnertastaturblock entsprechend den gewohnten Additionsmaschinen aufgebaut und erlaubt die schnelle Eingabe von Zahlen.

Zur Unterstützung des Benutzers enthalten die meisten Tastaturen sogenannte Funktionstasten. Sie vereinfachen die Bedienung. Man kann mit ihrer Hilfe Entscheidungen treffen bzw. Programmteile anwählen.

Drucker

Dauerhaft können Ergebnisse über Drucker ausgegeben werden, die in Funktionsweise und Geschwindigkeit von schreibmaschinenähnlichen Geräten bis hin zu sogenannten Schnelldruckern reichen, die mehrere tausend Zeilen pro Stunde drucken. Die Angebotspalette für Drucker ist sehr umfangreich, wobei der Preis insbesondere von Druckverfahren und der Druckgeschwindigkeit bestimmt wird.

Zeichendrucker arbeiten wie eine Schreibmaschine seriell Zeichen für Zeichen und sind relativ langsam. Die Zeichen werden entweder mit Typenhebel (veraltet), Kugelkopf oder Typenrad gedruckt oder aus einzelnen Punkten (Nadel- bzw. Matrixdrucker) zusammengesetzt.

Dies ist das Schriftbild eines Laserdruckers
Dies ist das Schriftbild eines Typenkorbdruckers

Dies ist das Schriftbild eines Zeilendruckers (Band, 1200 Zeilen/Min.)

Dies ist das Schriftbild eines Matrixdruckers mit 9 Nadeln

Abb. 3: Schriftbilder verschiedener Druckersysteme

Kugelkopf- und Typenkorbdrucker haben ein sehr gutes Schriftbild, sind aber langsam bei der Druckausgabe (ca. 15 Zeichen pro Sekunde). Der Kugelkopf (Korb) ist leicht austauschbar. Der Geräuschpegel beim Druck ist relativ hoch.

Typenraddrucker sind dagegen etwas leiser und haben eine höhere Druckleistung, die bei ca. 60 Zeichen pro Sekunde liegt. Das Typenrad ist ebenfalls austauschbar und weist ein ähnlich gutes Schriftbild wie beim Kugelkopfdruck auf. Beide Druckertypen sind wegen ihrer Schönschreibeigenschaften insbesondere auch für Anwendungen in der Brieftexterstellung geeignet und weniger zum Erstellen großer Listen.

Bei Nadelkopfdruckern (Matrixdrucker) werden die Zeichen aus einzelnen kleinen Punkten zusammengesetzt, die mit Hilfe von Nadeln, die das Farbband auf das Papier stoßen, angedruckt werden. Bei genauerem Hinschauen ist häufig deutlich zu erkennen, daß die Zeichen aus einzelnen Punkten bestehen. Da kein Typenrad und kein Kugelkopf auf das zu druckende Zeichen eingestellt werden muß, sondern eine Gruppe von Nadeln alle verschiedenen Zeichen bilden, ist ein Nadelkopfdrucker deutlich schneller als ein Kugelkopf- oder Typenraddrucker. Die Geschwindigkeit liegt bei bis zu 400 Zeichen pro Sekunde. Die Geräuschentwicklung ist geringer als bei Kugelkopf- und Typenraddruckern.

Ein sehr leise arbeitendes Ausgabegerät ist der Tintenstrahldrucker. Wie beim Nadelkopfdrucker wird jedes Zeichen aus einzelnen Punkten erzeugt, wozu in feinster Dosierung kleine Tintentröpfchen auf das Papier gesprüht werden. Zu beachten ist, daß bei Einsatz eines Tintenstrahldruckers keine Durchschläge angefertigt werden können, da kein unmittelbarer Kontakt zwischen Druckkopf und Papier besteht.

Neben den beschriebenen Zeichendruckern ist bei der Ausgabe umfangreicher Listen der Einsatz von sogenannten Zeilendruckern notwendig. Zeilendrucker zeichnen sich durch eine hohe Druckgeschwindigkeit aus, die zwischen 150 bis 4000 Zeilen pro Minute liegt. Es wird mit mehreren Druckköpfen gleichzeitig angeschlagen, so daß die Zeichen in einer Zeile quasi gleichzeitig dargestellt werden. Zum besseren Vergleich mit den genannten

Geschwindigkeiten der Zeichendrucker soll die Zeilenzahl in Zeichen pro Sekunde umgerechnet werden:

1 Zeile = 132 Druckzeichen
4000 Zeilen/Minute = 528 000 Druckzeichen pro Min.
= 8 800 Druckzeichen pro Sek.

Die Beschaffungs- und Wartungskosten von Zeilendruckern liegen erheblich über denen der Zeichendrucker, da eine wesentlich komplexere Technologie zum Einsatz kommt.

Es gibt drei Arten von Typenträgern bei den Zeilendruckern. Sie unterscheiden sich in den Möglichkeiten, Sonderzeichen aufzunehmen, in der Exaktheit der Ausrichtung aller Buchstaben einer Zeile und im Preis für einen Typensatz. Entsprechend der technischen Ausführung der Typenträger werden die Geräte als Walzen-, Band- und Kettendrucker bezeichnet.

Seit wenigen Jahren hat ein weiteres Druckprinzip neue Möglichkeiten für die Ausgabe von Computerergebnissen auf Papier geschaffen. Bei diesem Verfahren werden die Zeichen durch einen gesteuerten Laserstrahl auf eine Walze geschrieben, die nach dem Prinzip hochwertiger Fotokopiergeräte in der Lage ist, an den belichteten Stellen Farbpartikel aufzunehmen und diese auf ein angedrücktes Papier zu übertragen. Die nach dem Schreibverfahren als Laserdrucker bezeichneten Systeme bieten ganz wesentliche Vorteile gegenüber allen anderen bisher beschriebenen Druckausgabegeräten.

Sie werden heute in zwei Kategorien angeboten. Zum einen als besonders schnelle Druckmaschinen, die etwa 300 000 Zeilen pro Stunde ausgeben, zum anderen als Kleindrucker, die in der Größe eines Tischfotokopiergerätes zwar viel langsamer als die großen Laserdrucker arbeiten, mit ihnen jedoch die im folgenden beschriebenen Eigenschaften gemeinsam haben.

Da keine mechanischen Anschläge notwendig sind, arbeiten die Laserdrucker außerordentlich leise. Die kleinen Geräte können ohne weiteres in einer Büroumgebung aufgestellt werden. Ein weiterer Vorteil der Laserdrucker ist, daß sie nicht auf einen bestimmten Zeichensatz festgelegt sind, da der Strahl nicht durch mechanische Vorgaben gesteuert wird, sondern aus einem Bild-

Abb. 4: Funktionsprinzip des Laserdruckers (Werkbild Siemens)

speicher heraus, dessen Inhalt sich laufend ändern läßt. Damit können Laserdrucker die Schriftgröße, die Schriftart und den Zeilenabstand problemlos wechseln. Gleichzeitig ist es auf vielen dieser Geräte auch möglich, Zeichnungen mit auszudrucken, die sonst immer über ein spezielles Zeichnungsausgabegerät (Plotter) mit gesteuerten Stiften angelegt werden müßten. Mit diesen Druckern ist es folglich möglich, die Formularstruktur, den Textinhalt eines Formulars und ggf. sogar eine Zeichnung in einem Arbeitsgang auszugeben – allerdings bis heute nur in maximal zwei Farben.

Wie bei den anderen berührungslosen Druckersystemen können auch hier keine Durchschläge erzeugt werden, was jedoch besonders bei den schnellen Geräten durch mehrfaches Drucken leicht kompensiert werden kann. Da die Druckbilder immer seitenweise aufgebaut werden, tragen die Lasergeräte auch den Namen Seitendrucker.

Die Angebotspalette für Drucker durch die EDV-Hersteller ist recht umfangreich. In der Regel sind an jeden Computertyp unterschiedliche Drucker anschließbar. Vor der Entscheidung, welcher Drucker der geeignetste ist, muß man untersuchen, was an Druckerlisten und Formularen zu erzeugen ist und welche Qualitätsanforderungen dabei auftreten (z. B. Textverarbeitung mit persönlichen Anschreiben an Kunden oder nur Artikellisten zur Materialdisposition). Außerdem ist zu beachten, daß bei vielen EDV-Anlagen mehrere Drucker gleichzeitig angeschlossen werden können und somit von vornherein eine Verteilung und Entlastung erfolgen kann.

Optische Leser

Für die Dateneingabe gibt es neben der Tastatur auch noch Geräte, die gedruckte Zeichen wieder einlesen. Zu dieser optischen Erkennung von Zeichen sind zwei Verfahren verbreitet.

Die OCR-Schrift (OCR = Optical Character Recognition) ist eine von Mensch und Maschine lesbare Schrift und hat insbesondere im Bankbereich z. B. bei Überweisungsträgern oder Schecks eine weite Verbreitung gefunden.

Der BAR-Code oder Strichcode ist eine besondere Darstellungsweise von Zeichen durch Striche unterschiedlicher Stärke. Man findet ihn häufig schon auf Lebensmittelpackungen. Beide Alternativen können in Zukunft auch auf Mikrofilm als Darstellung für Artikel- oder Teilenummern eingeblendet und/oder auf den Teilen selbst angebracht sein, wie dies im Lebensmittelhandel schon verbreitet ist. Das maschinelle Einlesen mit Hilfe eines entsprechenden Lesegerätes gewährleistet dann eine schnelle und vor allem fehlerfreie Eingabe in das EDV-System.

```
Schriftmuster    OCR-B1
ABCDEFGHIJKLMNOPQRSTUVWXYZÄÖÜ
abcdefghijklmnopqrstuvwxyzäöü
1234567890
```

Abb. 5: OCR-Schriftmuster/BAR-Code-Muster

2.4 Spezialperipherie

Die bisher beschriebenen Geräte, die zusammen mit dem Rechner zu einer Computerkonfiguration zusammengestellt werden können, sind grundsätzlich in verschiedenen Branchen für verschiedene Anwendungen einsetzbar. Es gibt jedoch außerdem Peripheriegeräte, die für ganz spezifische Aufgaben und/oder für ganz spezielle Branchen entwickelt wurden. Es handelt sich dabei im wesentlichen um Ein-/Ausgabeeinheiten.

Branchenorientiert gibt es. z. B. Drucker und Leseeinrichtungen, die für die speziellen Aufgaben der Bankbetriebe geeignet sind. Damit können Sparbücher und Scheckkarten mit Magnetstreifen gelesen werden. Aufgrund des Inhalts positioniert der Drucker die Sparbücher an die richtige Zeile und gibt die nächste

Zu- oder Abbuchung aus. Speziell für Handelsbetriebe wurden Datenkassen mit Lesegeräten versehen, die das maschinelle Erkennen der BAR-Codierungen auf den Waren erlauben. In Form der relativ preiswerten Handlesegeräte müssen die Lesestifte über die Codierung auf der Packung hinweggeführt werden. Bei den sogenannten Scannern können die Codierungen beim Schieben der Ware über ein in dem Kassentransportband eingelassenes Fenster durch Lichtstrahlabtastung identifiziert werden.

Solchen für Branchenanwendungen vorgesehenen Geräten stehen Einheiten gegenüber, die für spezielle Sonderaufgaben angeboten werden. Hier sind insbesondere die Klarschrift und auch Markierungsleser zu nennen, die es ermöglichen, in bestimmten Schriften geschriebene Texte oder auch auf Formulare eingetragene Markierungen zu erkennen und zu interpretieren.

Für die Erfassung von Daten, die in Fertigungsbetrieben häufig auch an Orten mit erschwerten Umgebungsbedingungen entstehen, gibt es sogenannte Betriebsdatenerfassungseinrichtungen, die sehr robust aufgebaut sind und Informationen über Tastatur oder auch automatisch über anzuschließende Zähler oder Fühler entgegennehmen und an den Rechner weiterleiten können.

Darüber hinaus gibt es für viele Anwendungen, wie beispielsweise die graphische Datenverarbeitung, besondere Geräte, die hier nicht im einzelnen aufgezählt werden sollen.

2.5 Marktübersicht

Einrichtungen zur maschinellen Verarbeitung von Daten (Datenverarbeitungsanlagen bzw. Computer) umfassen ein breites Spektrum von Geräten, vom Taschenrechner bis zur Großanlage. Die Einteilung der Geräte in verschiedene Kategorien bzw. Größenklassen ist häufig verwirrend.

Gliedert man das Gerätespektrum nach technischen (Hardware) Gesichtspunkten, sind zu unterscheiden: Mikrocomputer, Minicomputer, Universalcomputer, Prozeßrechner.

Mikrocomputer sind die kleinsten frei programmierbaren Rechenanlagen. Ihre Bauelemente sind teilweise so sehr miniaturisiert, daß der gesamte Rechnerkern auf einem einzigen Bauelement Platz findet (Chipcomputer). Einige Geräte haben eine netzunabhängige Stromversorgung und sind so kompakt aufgebaut, daß sie leicht transportiert werden können. Mikrocomputer sind Einplatz-Systeme, d. h. Rechner, Tastatur, Bildschirm und gegebenenfalls Speichergeräte sowie Drucker bilden eine logische Einheit, die zu einem Zeitpunkt nur für einen Benutzer arbeitet.

Die Geräte dieser Gruppe werden auch als Personalcomputer (PC) bezeichnet. Sie sind ein deutlicher Beweis für die schnelle Entwicklung der Informationsverarbeitungstechnologie. Diese Gerätekategorie entstand zu Beginn der 80er Jahre in mehreren charakteristischen Ausprägungsformen. Mittlerweile sind einige Millionen Stück auf dem Weltmarkt verkauft.

Abb. 6: Personal Computer. (Werkbild IBM)

Minicomputer sind vollständige Datenverarbeitungsanlagen, die nur wegen ihrer kompakten Bauweise im Vergleich zu früheren Geräten ihren Namen tragen. Die Maschinen haben Hauptspeicher, die in der Regel auf bis zu 2 MB erweiterbar sind, ihre Plattenspeicher können einige Hundert Millionen Bytes an Daten verfügbar halten.

Es gibt dazu neben Druckern und Schönschriftausgabeeinheiten auch Betriebsdatenerfassungsgeräte, die z. B. die Anwesenheitszeiten der Mitarbeiter aufnehmen. Minicomputer können bis zu 30 Arbeitsplätze gleichzeitig unterstützen, d. h. an 30 Bildschirmen und Tastaturen können entsprechend viele unterschiedliche Tätigkeiten gleichzeitig mit der Datenverarbeitungsanlage ausgeführt werden.

Universalcomputer (General Purpose Computer, Mainframe Computer) sind Datenverarbeitungsanlagen, die aus der konsequenten Weiterentwicklung der ersten großen Computersysteme entstanden sind. Sie haben heute eine Leistungsfähigkeit erreicht, die sie »universell« für die verschiedensten Aufgabenbereiche einsatzfähig macht. Sie sind jedoch wegen ihrer Leistung und nicht zuletzt wegen der entsprechenden Kosten nur in großen Unternehmen und Verwaltungen bzw. Forschungseinrichtungen sinnvoll verwendbar.

Prozeßrechner sind Computer, die konzeptionell darauf ausgerichtet sind, jederzeit Daten zu übernehmen und sofort auszuwerten (real time, Echtzeit), die ihnen von peripheren Geräten übermittelt werden. Für die Überwachung und Steuerung von großen Anlagen (z. B. Raffinerie) ist die Reaktionsbereitschaft auf eingehende Meßwerte (Prozeßsteuerung) entscheidend.

Seit vielen Jahren bieten Markt- und Meinungsforschungsinstitute Statistiken über die Installationszahlen der verschiedenen Computertypen. Die Institute haben dazu den gesamten Hardwarebereich in Größenklassen eingeteilt, die im wesentlichen von den Kaufpreisen der Geräte bestimmt sind. Durch Befragungen bei Anwendern wird festgestellt, wieviel Geräte eines bestimmten Typs im Einsatz sind und dies wird dann entsprechend in die Klassen eingerechnet. Durch den enormen Preisverfall bei der Rechnerhardware und durch andere marktbestimmende Faktoren ge-

Abb. 7: Universalcomputer – Großsystem (Werkbild IBM)

nügt diese Zahlenübersicht nicht mehr den Erfordernissen einer konsequenten Marktbeobachtung. Deshalb haben einige große Hersteller von Datenverarbeitungsanlagen, in einem Arbeitskreis einen vollständigen Katalog aller Computersysteme zusammengestellt, die von diesen Firmen bisher vertrieben wurden und aktuell angeboten werden. In diesen Katalog werden auch die Produkte vieler anderer auf dem europäischen Markt anbietender Hersteller aufgenommen. Dadurch soll die Transparenz des Marktes erhöht und eine bessere Vergleichbarkeit der Installationszahlen erreicht werden. Der Katalog umfaßt viele hundert Produkte und wird in vierteljährlichem Abstand aktualisiert. Er kann daher hier nicht aufgeführt werden. Seine Struktur ist jedoch von Interesse, da sie die wesentlichen Typen von Rechnern unterscheiden hilft und zeigt, welche Marktgruppierungen existieren.

Etwas vereinfacht ergeben sich aus dem Katalog folgende Klassen: VSC-L (Very Small Computers, Low End Systems); hierunter werden alle ganz kleinen Rechner gezählt, die unterste Ausbaustufen einer größeren Rechnerfamilie darstellen und die daher bei verstärktem Leistungsbedarf nach oben hin problemlos erweitert werden können.

VSC-P (Very Small Computers, Personalcomputer und Terminalstationen); diese Gruppe umfaßt Geräte, die im Preis und in der Leistung durchaus der ersten Gruppe vergleichbar sind, die jedoch nicht nach oben problemlos ausgebaut werden können, so daß sich bei vermehrtem Rechner- oder Speicherbedarf Ausbauprobleme ergeben können.

SC (Small Computers); dies sind Maschinen, die nicht mehr im Sinne von Bürodatenverarbeitungsanlagen eingesetzt werden können, sondern bereits die Umgebungsbedingungen eines kleinen Rechenzentrums benötigen. Sie sind Bestandteile einer Rechnerfamilie und bilden hier praktisch die zweite Größenklasse.

LC (Large Computers); hierunter werden die großen Datenverarbeitungsanlagen zusammengefaßt, die als obere Ausbaustufen von Rechnerfamilien angeboten werden. Sie sind immer mit einem Rechenzentrumsbetrieb verbunden, der durch besonders geschultes Personal geführt wird. Die Anwender sind nur über

Terminals mit dem Rechner verbunden und arbeiten nicht selbständig an der Maschine.

VLC (Very Large Computers); dies sind die Giganten der Datenverarbeitung, wie sie nur bei Großunternehmen bzw. in Großforschungseinrichtungen zu finden sind.

Außerdem gibt es Kategorien, die sogenannte dedizierte Systeme (Dedicated Computers) umfassen. Das sind Rechner, die von ihrem Aufbau für besondere Aufgaben geeignet sind. Dazu gehören Systeme für Handel, Banken, Fertigung, Kommunikation, Textverarbeitung und Zeichnungserstellung.

Der Katalog enthält darüber hinaus noch Unterscheidungen für Terminals und Peripherie, die je nach Einsatzbereich bzw. nach Leistungsvolumen gegliedert sind.

2.6 Übungen und Testaufgaben zum zweiten Lehrabschnitt

1. Welche Aufgaben erfüllt der Hauptspeicher eines Computers?

2. In welcher typischen Form werden Daten zwischen der Zentraleinheit und den Peripheriegeräten ausgetauscht?

3. Obwohl Computer nicht durch ihre Hardware sondern erst durch das Programm dazu veranlaßt werden, eine Aufgabe auszuführen, gibt es verschiedene Rechnertypen und Zusatzgeräte. Warum?

4. Welche Konfigurationen können sinnvoll arbeiten?

	ja	nein
Zentraleinheit, Bildschirmarbeitsplatz, Plattenspeicher	☐	☐
Drucker, Plattenspeicher, Zentraleinheit	☐	☐
Drucker, Eingabegerät, Zentraleinheit	☐	☐
Plattenspeicher, Drucker, Eingabegerät, Zentraleinheit	☐	☐

5. Welche Zustände kann ein Bit annehmen?

	ja	nein
Null und Eins	☐	☐
Minus und plus	☐	☐
Eins und zwei	☐	☐

6. Warum werden mehrere Bits zu Gruppen (z. B. Byte) zusammengefaßt?

	ja	nein
Um größere Zahlen darstellen zu können	☐	☐
Um Buchstaben und Sonderzeichen darstellen zu können	☐	☐
Um Zahlen und Buchstaben unterscheiden zu können	☐	☐

Dritter Lehrabschnitt:

3. Software bedeutet hard facts
WIE Programme entstehen und funktionieren

Offenbar schätzen viele Unternehmen ihre Kundschaft als technologiefreundlich ein; sie werben für ihre Produkte mit dem Hinweis »computergesteuert« auch wenn dies genau betrachtet nicht stimmt. Es wird der Anschein erweckt, daß Radiogeräte, Filmkameras, Waschmaschinen usw. durch einen eingebauten »Computer« besser arbeiten. In den meisten Fällen sind solche als Computer bezeichneten Steuerungen aber nur elektronisch arbeitende Regler, die mit den klassischen Computern außer einzelnen Bauteilen keine Gemeinsamkeiten aufweisen. Alle Regeleinrichtungen dieser Art sind durch ihre Technik für ganz bestimmte Aufgaben vorgesehen und können nur diese bearbeiten. Der Ansteuerungsmechanismus für eine Waschmaschine kann in einem Radiogerät keine Verwendung finden.

Computer – im Deutschen auch umständlich »Programmgesteuerte Rechenanlagen« genannt – zeichnen sich dadurch aus, daß ihre Funktion nicht von vornherein durch die Struktur der Maschine festgelegt ist. Die Arbeitsweise wird erst durch das Betriebssystem, der Arbeitsablauf durch ein Anwendungsprogramm bestimmt.

Unter dem Begriff Betriebssystem faßt man solche Programme zusammen, die für die Steuerung der einzelnen Baugruppen des Computers und seiner externen Einheiten zuständig sind. Diese Programme, die auch als Systemsoftware zusammengefaßt werden, sorgen dafür, daß die Befehle der anwendungsorientierten Programme interpretiert und abgearbeitet werden können. Im Gegensatz zu den Steuer- und Regelmechanismen der Waschmaschinen kann ein Computer in Abhängigkeit von dem ablaufenden Anwendungsprogramm ganz verschiedene Aufgaben bearbeiten. Um dies hervorzuheben, wird auch von frei programmierbaren Rechenanlagen gesprochen.

Alle Programme gehören zum Bereich der Software (wörtlich: weiche Ware; hier: geistige Leistung). Sie existiert weniger als greifbares Produkt sondern vielmehr als Befehlsfolge, die auf einem Datenträger gespeichert ist und außerdem durch eine möglichst detaillierte Dokumentation beschrieben wird. Neben vielen Bezeichnungen, die zur Kategorisierung von Programmen dienen und die im weiteren noch angesprochen werden, sind zunächst die beiden Oberbegriffe Systemsoftware und Anwendungssoftware als Kategorien voneinander abzugrenzen. Die Systemsoftware besteht aus dem Betriebssystem und weiteren speziellen Programmen, die in aller Regel vom Hersteller der Datenverarbeitungsanlage mitgeliefert werden und erst die grundsätzliche Inbetriebnahme eines Computers ermöglichen. Die Anwendungssoftware baut darauf auf und ist entweder vom Anwender selbst entwickelt oder für eine bestimmte Gruppe von Anwendern bzw. besonders abgrenzbare Anwendungsaufgaben (Branchensoftware) erstellt worden.

3.1 Betriebssystem

Auch nach dem Einschalten kann ein Computer ohne Software nicht arbeiten. Alle Bauelemente und Geräteteile, die zusammen als Hardware (wörtlich: Metallwaren; hier: technisches Gerät) bezeichnet werden, sind zwar in Funktionsbereitschaft und werden vom Strom durchflossen, die Motoren der externen Speichereinheiten und der Drucker laufen, aber sie leisten noch keine zielgerichtete Arbeit. Erst ein Systemprogramm (Betriebssystem) kann das sinnvolle Zusammenspiel der Anlagenteile steuern. Jeder Befehl, der dem Rechner zur Ausführung eingegeben wird, muß mit Hilfe des Systemprogramms interpretiert, zerlegt und den einzelnen Funktionselementen des Computers zur Ausführung übertragen werden. Alle Programme, die unabhängig von einer speziellen Anwendung die Steuerung des Computers unterstützen, bilden zusammen das Betriebssystem.

Wie sehr ein Computer von seinem Betriebssystem abhängt, wird deutlich, wenn man sich den Ladevorgang des Betriebssystems vorstellt. Wie bereits erwähnt, kann ein Computer ohne

Betriebssystem überhaupt nicht arbeiten, also auch nicht das Betriebssystem von einer Platte in den Hauptspeicher einlesen. Daher wurde eine ganz spezielle Funktion in die Hardware eingebaut, die sogenannte »Ladefunktion«. Hier bewirkt der berühmte Knopfdruck auf die Ladetaste die Ausführung der Ladefunktion, die wie ein fest eingebauter Regelmechanismus das Einlesen eines kleinen Betriebssystemteils von einem externen Speicher in den Hauptspeicher übernimmt.

Sobald dieser erste Teil des Betriebssystems im Hauptspeicher zur Verfügung steht, kann dieser Programmabschnitt selbst die Übernahme der anderen Systemprogramme regeln und steuern.

Ein Betriebssystem belegt je nach Auslegung und gebotenen Funktionen bis zu einigen hundert Kilobytes Speicherplatz im Hauptspeicher. Sein Umfang wächst mit den Möglichkeiten, die es den Benutzern bietet. Ein Einplatz-Computer (Personalcomputer), der nur einen Bildschirm und eine Tastatur unterstützt, benötigt folglich nur ein kleineres Betriebssystem, als eine Mehrplatz-Anlage, die gleichzeitig mehrere Bildschirme mit Tastaturen und gegebenenfalls mehreren Ein-/Ausgabeeinheiten steuert. Das Betriebssystem muß nicht immer vollständig im Hauptspeicher geladen sein. Hauptspeicherplatz ist nach wie vor im Verhältnis zu externen Speichereinheiten teuer und er wird nicht nur für das Betriebssystem sondern auch für die Anwendungsprogramme und die zu bearbeitenden Daten benötigt. Man speichert das Betriebssystem daher auf einem Speicher mit wahlfreiem Zugriff (Plattenspeicher) und nur die jeweils benötigten Teilbereiche werden abwechselnd in den Hauptspeicher der Zentraleinheit geladen. Der sogenannte Supervisor (Aufseher), das Kernstück des Betriebssystems, muß kontinuierlich im Hauptspeicher zur Verfügung stehen; er steuert auch das Laden der jeweils benötigten Betriebssystemteile.

Tritt beispielsweise ein Fehler beim Lesen einer Information von einer Magnetplatte auf – was relativ selten vorkommt – so genügt es in diesem Sonderfall das Teilprogramm aus dem Betriebssystem zu laden, das solche Fehlerfälle betreut. Dies wird vom Supervisor besorgt. Das dauernde Führen dieses Betriebssystemteils im Hauptspeicher wäre Platzvergeudung. Andererseits birgt diese Konzeption den Nachteil, daß bei einem Lesefehler just auf der Platte, die das Betriebssystem trägt, auch die Fehlerroutine nicht mehr geladen werden kann und damit ein Abbruch der gesamten Verarbeitung eintritt.

Der Supervisor startet auch die Anwendungsprogramme, aktiviert für sie die Verbindungen zu den notwendigen externen Einheiten und liefert Hinweise an den Benutzer über Fehler, die in den Daten oder in den Anwendungsprogrammen begründet sind (beispielsweise eine Division durch 0). Der Supervisor schließt abgearbeitete Programme ordnungsgemäß ab und deaktiviert die Datenbestände, die von einem Anwendungsprogramm gebraucht worden sind, nach dessen Abschluß.

Zur Systemsoftware gehören auch die sogenannten Compiler (Übersetzungsprogramme). Diese Programme sind notwendig, um dem Programmierer die Arbeit zu erleichtern. Ein Computer kann nur schrittweise ganz einfache Befehle bzw. Instruktionen verarbeiten. Die Zerlegung einer umfangreichen Anwendungsaufgabe in derartige kleine Einzelschritte wäre für den Programmierer außerordentlich mühsam, zeitaufwendig und fehlerträchtig.

Ein Übersetzungsprogramm ist in der Lage, komplexe Befehle selbständig in Einzelschritte zu zerlegen, die dann von der Maschine verarbeitet werden können. Dieser Vorgang erscheint zunächst unverständlich, da der Eindruck entsteht, als würde sich »der Computer selbst am Schopf aus dem Sumpf ziehen«. Das Compilerprogramm, das ja im Computer abläuft und das Befehle zerlegt, die eben der Computer nicht direkt verstehen kann, besteht aus einer Folge von Anweisungen, die bereits in der für den Computer verständlichen einfachen Instruktionsform vorliegen. Damit kann der Computer alle Anweisungen des Compilers ausführen. Dazu gehört beispielsweise die Überprüfung der eingegebenen komplexen Befehle auf formale Richtigkeit und deren formalistische Zerlegung in Anweisungsteile und Operatorenteile, die angeben, mit welchen Daten gearbeitet werden soll. Nach diesem Zerlegungsvorgang liegt das ursprüngliche Anwendungsprogramm, es wird auch Quellprogramm genannt, in der Form einzelner einfacher Instruktionen vor, die als Objektprogramm bezeichnet werden. Das Objektprogramm wird dann ohne

Zuhilfenahme eines Compilers direkt von der Maschine ausgeführt.

Die zu einem Betriebssystem gehörenden Programme sind vergleichsweise kompliziert und in ihrem Aufbau stark von der jeweiligen Hardware des Computers abhängig. Da alle Käufer oder Mieter eines Computers ein Betriebssystem benötigen, wird es vom Hersteller mitentwickelt und dem Kunden zur Verfügung gestellt. Der Entwicklungsaufwand für das vom Hersteller zu liefernde Betriebssystem entspricht in der Regel in etwa dem für die gesamte Hardware. Für den Benutzer ist die Qualität der Betriebssystemsoftware so entscheidend, daß gelegentlich sogar Computermodelle älterer Bauart mit einem guten, ausgereiften Betriebssystem modernen und hardwaremäßig überlegenen Modellen, für die noch keine gute Systemsoftware bereitgestellt werden kann, vorgezogen werden.

3.2 Anwendungsprogramme

Jede Aufgabe, die mit einem Computer unterstützt werden soll, muß in einem Programm formuliert werden. Dazu wird die Aufgabe in logische Einzelfunktionen zerlegt. Dann werden in einer für diese Anwendung passenden Programmiersprache Befehle formuliert, die zusammen das Programm bilden. Alle Befehle müssen dem Rechner über die Tastatur eingegeben werden. Es folgt die Übersetzung durch den für diese Sprache passenden Compiler und nach mehreren Testversuchen, in denen die verschiedenen noch vorhandenen Fehler aufgefunden und ausgemerzt werden, entsteht dann das endgültige Programm.

Die freie Programmierbarkeit wurde bereits als charakteristisches Merkmal von Computern betont. Damit verbunden ist absolute Aktionsunfähigkeit, wenn keine entsprechenden Programme verfügbar sind. Für jede Anwendung muß folglich ein auf den speziellen Einsatzzweck hin orientiertes Programm entwickelt, ausgetestet und für die Bearbeitung übersetzt bereitgestellt werden.

Der Aufbau, der Umfang, die besonderen Ausgestaltungsmerkmale und nicht zuletzt die Qualität der Anwendungsprogramme entscheiden darüber, ob ihr Einsatz in einem bestimmten Unternehmen, in Abhängigkeit von dessen Größe und den spezifischen Aufgabenstellungen möglich ist. Da diese Programme auch die Eingabe bzw. Bedienung des Computers durch die Anwender steuern, hängt es von ihrer »Benutzeroberfläche« ab, ob die Anwender damit zurecht kommen oder nicht. Die Benutzeroberfläche ist das äußere Erscheinungsbild eines Programmes. Sie kann so aufgebaut sein, daß alle Arbeitsschritte, die der Benutzer auszuführen hat, selbsterklärend ablaufen und in Sonderfällen auch Rückfragen des Benutzers an das System mit Auskunftswünschen so beantwortet werden, daß er sich dann selbst weiterhelfen kann. Die Programme bieten jedoch leider häufig keine gute Bedienungsmöglichkeit. Dann ist es notwendig, aus der Gebrauchsanweisung gut zu lernen, wie die einzelnen Bedienungsschritte ablaufen.

Vergleicht man die Hardware eines Computers mit der Straßenstruktur in einer Großstadt, dann bildet das Betriebssystem quasi die Ampelsteuerungseinrichtung, die sicherstellt, daß grundsätzlich ein reibungsloser Ablauf möglich ist. Die Anwendungsprogramme mit ihren Benutzern entsprechen den Automobilen, die die Straßen nutzen und sich den Umgebungsbedingungen anpassen müssen. Die Programme sind – wie die Fahrzeuge – unterschiedlich aufgebaut und ausgestattet. Sie benutzen gemeinsam die Verkehrswege unter Berücksichtigung der Informationen wie Wegweiser, Ampelsignale und Verkehrsfluß.

Die Taxis gleichen den Individualprogrammen. Sie müssen zwar die Infrastruktur beachten, können den Fahrgast (Benutzer) aber grundsätzlich an jede gewünschte Stelle transportieren.

Die Standardprogramme entsprechen den öffentlichen Verkehrsmitteln. Ihre Benutzung ist deutlich preiswerter aber sie haben eine festgelegte Streckenführung und auch nur bestimmte Ein- und Ausstiegspunkte.

Für die Standardsoftware wird von den Entwicklern nach allgemeinen Erkenntnissen und Kriterien festgelegt, welche Leistungen enthalten sein sollen. Bei Individualsoftware muß zwischen künftigem Anwender und Programmentwickler eine genaue Abstimmung über den benötigten Leistungsumfang der eigentlichen Entwicklungsarbeit vorausgehen.

Da die Hardware bei fast allen Computerherstellern einen guten Qualitätsstandard erreicht hat und auch die Preis-Leistungsverhältnisse durch den hohen Wettbewerb auf diesem Markt sehr angeglichen sind, ist für die Wahl eines bestimmten Computers häufig die dafür lieferbare Anwendungssoftware entscheidend.

3.3 Programmiersprachen

Wörter und Grammatik bilden die Grundlage einer Sprache. Befehle und Formalvorschriften bilden die Grundlage einer Programmiersprache. Die Maschine verlangt, daß alle Befehle in ganz genau festgelegten Formen eingegeben werden und über ganz bestimmte Befehlsbestandteile verfügen. Die formale Prüfung der Befehlsstruktur und der Bestandteile wird vom Compiler übernommen. Eine logische Überprüfung, ob die Interpretation der Befehle schließlich zu einer im Sinne des Anwenders richtigen Abarbeitung führt, gibt es nicht. Dies kann nur durch nachfolgende Tests festgestellt werden.

Auch eine einfache Rechenaufgabe wie:
Durchschnittsgehalt = Summe der Gehälter aller Mitarbeiter
    dividiert durch die Zahl aller Mitarbeiter

benötigt daher eine ganze Reihe von Einzelbefehlen. In einer maschinenorientierten Programmiersprache müßten zum Ausführen dieser Rechenaufgabe z. B. folgende Einzelbefehle geschrieben werden:

```
ASSBSP    STRT   S=1
DRUCK     DS     4
MIGEHA    DC     P8
DUGEHA    DC     P12
MIZAHL    DC     P4
EINS      DC     P8/1
ANFANG    OPEN   DRUCK 10
          LF1    1.1
LESEN     GET    MIGEHA 50
          WAIT   ANFANG 50
```

	CP	MIGEHA EINS
	BH	DIVIS
	AP	DUGEHA MIGEHA
	AP	MIZAHL EINS
	BR	LESEN
DIVIS	DP	DUGEHA MIZAHL
	PN	DUGEHA 1 12.0
	BR	*
	END	ANFANG

Das in dieser Form aufgestellte Programm kann von einem Computer mit Hilfe eines Übersetzungsprogrammes eingelesen und in die Maschinensprache umgesetzt werden. Der »Übersetzer« für Befehle in der oben gezeigten Form wird als Assembler bezeichnet und ist eine einfache Art von Übersetzungsprogramm, da die Befehle bereits in einer Form dargestellt werden, die der Abarbeitung in Computern relativ nahe kommt. Trotzdem wird durch den Übersetzungsvorgang aus den aufgezeigten siebzehn Befehlen eine Kette von unverständlichen Codierungen, wie die nachfolgende Darstellung des maschineninternen Codes eines Programmes für die oben gezeigte Aufgabenstellung beweist. Der maschineninterne Code entspricht dem Objektprogramm und ist die ausführbare Version eines Programms.

```
0230: 50 45 52 53 4f 4e 41 4c 2d 46 00 00 00 00 00 00
0240: 00 00 00 00 00 00 00 00 00 00 00 00 00 00 00 00
0250: 00 00 00 00 00 00 00 00 00 00 00 00 00 00 00 00
0260: 00 00 00 00 00 00 00 00 00 00 00 00 00 00 00 00
0270: 00 00 00 00 00 00 00 00 00 00 00 00 00 00 00 00
0280: 00 00 00 00 00 00 00 00 00 00 00 00 00 00 00 00
0290: 00 00 00 00 00 00 00 00 00 00 00 00 00 00 00 00
02a0: 00 00 00 00 00 00 00 00 00 00 00 00 00 00 00 00
02b0: 00 00 00 00 00 00 00 00 00 00 00 00 00 00 00 00
02c0: 00 00 00 00 00 00 00 00 00 0e 00 00 00 00 00 00
02d0: 00 00 00 00 00 00 b5 00 b5 00 00 00 00 00 00 00
02e0: 00 00 0c 0c 38 05 00 00 00 01 00 00 00 00 00 00
02f0: 00 02 00 00 03 00 05 00 3c 63 00 00 00 00 00 00
0300: 00 00 00 00 00 00 00 00 00 00 00 00 00 00 00 00
```

```
0310:  00 00 00 00 00 00 5f 9c 2b 00 c4 0c 10 01 03 c3
0320:  09 c4 16 10 01 03 83 09 c4 22 10 01 03 5a 08 c4
0330:  26 10 01 03 d5 0a c4 b4 10 01 03 61 02 c4 ba 10
0340:  01 03 22 03 3c a0 bf 00 03 9e 09 00 00 00 00 00
0350:  00 00 00 00 00 00 00 00 00 00 00 00 00 00 00 00
0360:  00 00 00 00 00 00 00 00 00 00 00 00 00 00 00 00
0370:  00 00 00 00 00 00 00 00 00 00 00 00 00 00 00 00
0380:  00 00 00 00 00 00 00 00 00 00 00 00 00 00 00 00
0390:  00 00 00 00 00 00 00 00 00 00 00 00 00 00 00 00
03a0:  00 00 00 00 00 00 00 00 00 00 00 00 00 00 00 00
03b0:  00 00 00 00 00 00 00 00 00 00 00 00 00 00 00 00
03c0:  00 00 00 00 00 00 00 00 00 00 00 00 00 00 00 00
03d0:  00 00 00 00 00 00 00 00 00 00 00 00 00 00 00 00
03e0:  00 00 00 00 00 00 00 00 00 00 00 00 00 00 00 00
03f0:  00 00 00 00 00 00 00 00 00 00 00 00 00 00 00 00
0400:  00 00 00 00 00 00 f7 a0 12 00 03 5a 08 43 3a 50
0410:  45 52 53 4f 4e 41 4c 2e 44 41 54 01 a0 3e 00 03
0420:  78 08 44 61 73 20 64 75 72 63 68 73 63 68 6e 69
0430:  74 74 6c 69 63 68 65 20 47 65 68 61 6c 74 20 61
0440:  6c 6c 65 72 20 4d 69 74 61 72 62 65 69 74 65 72
0450:  20 62 65 74 72 1b 84 67 20 3a 20 20 a5 a0 58 00
0460:  03 96 0a fe 01 2b 00 0f 00 01 00 00 00 00 00 00
0470:  00 00 00 00 00 00 00 00 00 00 00 00 00 00 00 00
0480:  00 00 00 00 00 00 00 00 00 00 00 00 00 00 00 00
0490:  00 00 00 00 00 00 00 00 00 00 10 00 00 10 00 00
04a0:  10 00 00 17 00 00 37 00 00 37 00 00 50 00 00 83
04b0:  00 00 a2 00 00 2d 01 d3 9c 6f 00 c4 0a 52 01 00
04c0:  00 c8 0c 56 01 c4 0e 52 02 00 00 c8 10 56 02 c4
04d0:  12 52 03 00 00 c8 14 56 03 c4 16 52 04 00 00 c8
04e0:  18 56 04 c4 1a 52 05 00 00 c8 1c 56 05 c4 1e 52
04f0:  06 00 00 c8 20 56 06 c4 22 52 07 00 00 c8 24 56
0500:  07 c4 26 52 08 00 00 c8 28 56 08 c4 2a 52 09 00
0510:  00 c8 2c 56 09 c4 2e 52 0a 00 00 c8 30 56 0a c4
0520:  32 52 0b 00 00 c8 34 56 0b 8b a0 14 00 01 00 00
0530:  ff 1e 00 00 eb 31 90 8b 5f 01 81 c3 00 00 ff e3
0540:  71 9c 0e 00 c4 02 10 01 03 a0 0a c4 0c 50 01 00
0550:  00 b1 a0 05 00 03 ea 0a 01 63 a0 2b 00 01 10 00
0560:  bb 00 00 ff 1e 00 00 a0 00 00 a2 00 00 a1 00 00
0570:  a3 00 00 a0 00 00 a2 00 00 a1 00 00 a3 00 00 bb
0580:  00 00 b0 00 e9 d0 ff 1d 9c 4e 00 c4 01 10 01 03
0590:  ea 0a c4 05 10 01 03 a4 0a c4 08 10 01 03 d8 0a
05a0:  c4 0b 10 01 03 93 0a c4 0e 10 01 03 d9 0a c4 11
05b0:  10 01 03 94 0a c4 14 10 01 03 db 0a c4 17 10 01
05c0:  03 d8 0a c4 1a 10 01 03 dc 0a c4 1d 10 01 03 d9
05d0:  0a c4 20 10 01 03 93 0a 45 a0 0e 00 03 eb 0a 00
05e0:  00 03 10 00 00 00 00 00 00 47 9c 1a 00 c4 00 10
05f0:  01 03 b4 08 c4 04 50 01 50 00 c4 06 50 01 50 00
0600:  c4 08 50 01 3e 00 87 a0 37 00 01 37 00 bb 00 00
0610:  ff 1e 00 00 5b a0 00 00 88 07 a1 00 00 89 47 01
0620:  5b b0 01 e9 b7 ff bf 00 00 b8 30 30 b9 08 00 fc
0630:  f3 ab bf 00 00 b8 00 00 b9 5a 00 fc f3 ab fc aa
0640:  76 9c 2b 00 c4 01 10 01 03 eb 0a c4 05 10 01 03
0650:  a8 0a c4 09 10 01 03 de 0a c4 0e 10 01 03 df 0a
0660:  c4 1a 10 01 03 68 08 c4 26 10 01 03 61 02 81 a0
0670:  14 00 03 f5 0a 00 00 06 78 00 00 00 00 00 00 00
0680:  00 01 00 03 00 c8 9c 1a 00 c4 00 10 01 03 b4 08
```

```
0690:  c4 04 50 01 89 00 c4 06 50 01 86 00 c4 08 50 01
06a0:  71 00 e5 a0 23 00 01 6a 00 bb 00 00 ff 1e 00 00
06b0:  5b a0 00 00 88 07 a1 00 00 89 47 01 5b b0 01 e9
06c0:  84 ff eb 04 90 e9 8b 00 93 9c 1d 00 c4 01 10 01
06d0:  03 f5 0a c4 05 10 01 03 a8 0a c4 09 10 01 03 e1
06e0:  0a c4 0e 10 01 03 e2 0a 42 a0 0e 00 03 05 0b 00
06f0:  00 04 23 00 00 00 00 00 13 9c 1a 00 c4 00 10
0700:  01 03 b4 08 c4 04 50 01 a8 00 c4 06 50 01 a5 00
0710:  c4 08 50 01 90 00 88 a0 23 00 01 89 00 bb 00 00
0720:  ff 1e 00 00 5b a0 00 00 88 07 a1 00 00 89 47 01
0730:  5b b0 01 e9 65 ff eb 04 90 eb 35 90 57 9c 1d 00
0740:  c4 01 10 01 03 05 0b c4 05 10 01 03 a8 0a c4 09
0750:  10 01 03 e4 0a c4 0e 10 01 03 e5 0a 2b a0 0d 00
0760:  03 0f 0b 00 00 00 00 0c 0c 00 00 01 1d 9c 0f 00
0770:  c4 00 10 01 03 68 08 c4 02 10 01 03 7d 0a ac a0
0780:  0b 00 01 a8 00 bb 00 00 ff 1e 00 00 d4 9c 0f 00
0790:  c4 01 10 01 03 0f 0b c4 05 10 01 03 ac 0a cf a0
07a0:  0d 00 03 18 0b 00 00 00 00 08 08 00 00 01 1c 9c
07b0:  0f 00 c4 00 10 01 03 11 03 c4 02 10 01 03 8a 0a
07c0:  fb a0 0b 00 01 af 00 bb 00 00 ff 1e 00 00 cd 9c
07d0:  0f 00 c4 01 10 01 03 18 0b c4 05 10 01 03 ac 0a
07e0:  c6 a0 14 00 03 21 0b 00 00 00 0c 00 00 00 00 0c
07f0:  00 00 00 00 08 00 00 fd 9c 2b 00 c4 01 10 01 03
0800:  70 0a c4 04 10 01 03 96 0a c4 06 10 01 03 7d 0a
0810:  c4 09 10 01 03 96 0a c4 0b 10 01 03 8a 0a c4 0e
0820:  10 01 03 96 0a 87 a0 0b 00 01 b6 00 bb 00 00 ff
0830:  1e 00 00 c6 9c 0f 00 c4 01 10 01 03 21 0b c4 05
0840:  10 01 03 b0 0a b9 a0 0d 00 03 31 0b 00 00 00 00
0850:  0c 0c 00 00 10 ec 9c 0f 00 c4 00 10 01 03 70 0a
0860:  c4 02 10 01 03 68 08 b9 a0 0b 00 01 bd 00 bb 00
0870:  00 ff 1e 00 00 bf 9c 0f 00 c4 01 10 01 03 31 0b
0880:  c4 05 10 01 03 b4 0a a5 a0 0d 00 03 3a 0b 00 00
0890:  00 00 06 06 00 00 01 fe 9c 0f 00 c4 00 10 01 03
08a0:  6f 08 c4 02 10 01 03 77 0a ab a0 0b 00 01 c4 00
08b0:  bb 00 00 ff 1e 00 00 b8 9c 0f 00 c4 01 10 01 03
08c0:  3a 0b c4 05 10 01 03 ac 0a a4 a0 14 00 03 43 0b
08d0:  00 00 00 06 00 00 00 06 00 00 00 00 01 00 00
08e0:  ee 9c 2b 00 c4 01 10 01 03 70 0a c4 04 10 01 03
08f0:  99 0a c4 06 10 01 03 77 0a c4 09 10 01 03 99 0a
0900:  c4 0b 10 01 03 97 0a c4 0e 10 01 03 99 0a 77 a0
0910:  0b 00 01 cb 00 bb 00 00 ff 1e 00 00 b1 9c 0f 00
0920:  c4 01 10 01 03 43 0b c4 05 10 01 03 b0 0a 97 a0
0930:  0d 00 03 53 0b 00 00 00 00 06 06 00 00 10 d6 9c
0940:  0f 00 c4 00 10 01 03 70 0a c4 02 10 01 03 6f 08
0950:  b2 a0 0e 00 01 d2 00 bb 00 00 ff 1e 00 00 eb ae
0960:  90 7e 9c 0f 00 c4 01 10 01 03 53 0b c4 05 10 01
0970:  03 b4 0a 83 a0 0d 00 03 5c 0b 00 00 00 00 0c 0c
0980:  00 00 01 d0 9c 0f 00 c4 00 10 01 03 68 08 c4 02
0990:  10 01 03 70 0a b9 a0 0b 00 01 dc 00 bb 00 00 ff
09a0:  1e 00 00 a0 9c 0f 00 c4 01 10 01 03 5c 0b c4 05
09b0:  10 01 03 ac 0a 82 a0 0d 00 03 65 0b 00 00 00 00
09c0:  06 06 00 00 01 d3 9c 0f 00 c4 00 10 01 03 6f 08
09d0:  c4 02 10 01 03 7d 0a a5 a0 0b 00 01 e3 00 bb 00
09e0:  00 ff 1e 00 00 99 9c 0f 00 c4 01 10 01 03 65 0b
09f0:  c4 05 10 01 03 ac 0a 79 a0 11 00 03 6e 0b 04 00
0a00:  00 00 00 0c 00 00 00 00 06 00 00 bd 9c 24 00 c4
```

```
0a10:   01 10 01 03 5a 0a c4 03 10 01 03 70 0a c4 06 10
0a20:   01 03 96 0a c4 08 10 01 03 7d 0a c4 0b 10 01 03
0a30:   99 0a 43 a0 0b 00 01 ea 00 bb 00 00 ff 1e 00 00
0a40:   92 9c 0f 00 c4 01 10 01 03 6e 0b c4 05 10 01 03
0a50:   b8 0a 64 a0 0d 00 03 7b 0b 00 00 00 00 14 08 02
0a60:   00 00 ac 9c 0f 00 c4 00 10 01 03 5a 0a c4 02 10
0a70:   01 03 70 0a c5 a0 0b 00 01 f1 00 bb 00 00 ff 1e
0a80:   00 00 8b 9c 0f 00 c4 01 10 01 03 7b 0b c4 05 10
0a90:   01 03 bc 0a 53 a0 0d 00 03 84 0b 00 00 00 00 08
0aa0:   08 00 00 10 a1 9c 0f 00 c4 00 10 01 03 70 0a c4
0ab0:   02 10 01 03 73 08 ae a0 0b 00 01 f8 00 bb 00 00
0ac0:   ff 1e 00 00 84 9c 0f 00 c4 01 10 01 03 84 0b c4
0ad0:   05 10 01 03 b4 0a 52 a0 12 00 03 8d 0b 00 00 3a
0ae0:   00 00 00 00 00 00 00 00 00 00 79 9c 16 00 c4
0af0:   00 10 01 03 78 08 c4 08 10 01 03 9a 0a c4 0a 10
0b00:   01 03 9c 0a ea a0 0b 00 01 ff 00 bb 00 00 ff 1e
0b10:   00 00 7d 9c 0f 00 c4 01 10 01 03 8d 0b c4 05 10
0b20:   01 03 c0 0a 3d a0 12 00 03 9b 0b 00 00 05 00 00
0b30:   00 00 00 00 00 00 00 00 00 a0 9c 0f 00 c4 00 10
0b40:   01 03 73 08 c4 0a 10 01 03 9e 0a 78 a0 0b 00 01
0b50:   06 01 bb 00 00 ff 1e 00 00 75 9c 0f 00 c4 01 10
0b60:   01 03 9b 0b c4 05 10 01 03 c0 0a 2f a0 17 00 03
0b70:   a9 0b 00 00 00 00 00 00 00 00 00 00 00 00 00 00
0b80:   40 00 00 00 00 51 9c 0f 00 c4 00 10 01 03 b2 08
0b90:   c4 0a 10 01 03 9c 0a 3b a0 0b 00 01 0d 01 bb 00
0ba0:   00 ff 1e 00 00 6e 9c 0f 00 c4 01 10 01 03 a9 0b
0bb0:   c4 05 10 01 03 c4 0a 1d a0 0e 00 03 bc 0b 00 00
0bc0:   01 00 00 00 00 00 00 87 9c 1a c0 c4 00 10 01
0bd0:   03 b4 08 c4 04 50 01 2d 01 c4 06 50 01 2d 01 c4
0be0:   08 50 01 1b 01 ed a0 25 00 01 14 01 bb 00 00 ff
0bf0:   1e 00 00 5b a0 00 00 88 07 a1 00 00 89 47 01 5b
0c00:   b0 01 e9 da fe ff 1e 00 00 ff 1e 00 00 4a 9c 2b
0c10:   00 c4 01 10 01 03 bc 0b c4 05 10 01 03 a8 0a c4
0c20:   09 10 01 03 e7 0a c4 0e 10 01 03 e8 0a c4 1b 10
0c30:   01 03 c8 0a c4 1f 10 01 03 c8 0a d2 8a 02 00 00
0c40:   74 00 00 00 00 00 00 00 00 00 00 00 00 00 00 00
0c50:   00 00 00 00 00 00 00 00 00 00 00 00 00 00 00 00
0c60:   00 00 00 00 00 00 00 00 00 00 00 00 00 00 00 00
0c70:   00 00 00 00 00 00 00 00 00 00 00 00 00 00 00 00
```

Während der Programmierer z. B. noch für die Addition zweier Zahlen den Ausdruck »ADD« setzen konnte, steht im maschineninternen Code nur noch eine Schlüsselzahl für die Addition. Die Sprache, die vom Assemblerprogramm in den internen Code umgewandelt wird, heißt Assemblersprache; sie ist die am weitesten verbreitete maschinenorientierte Sprache. Umfangreiche Probleme sind damit nur mühsam zu programmieren. Daher wurden Sprachen entwickelt, deren Befehlsaufbau (vergleichbar der Grammatik) den zu programmierenden Problemen mehr entspricht. Im Gegensatz zum Assembler sind diese Sprachen »problemorientiert«.

Generell werden Programme, die in Assemblersprache geschrieben sind, vom Computer schneller verarbeitet und benötigen weniger Hauptspeicherplatz als Programme in problemorientierten Sprachen. Da heute jedoch sowohl der Speicherplatz wie auch die Rechnerleistung relativ preiswert zu kaufen sind, muß eindeutig mehr Wert auf eine zügige Programmentwicklung, eine übersichtliche Programmdarstellung und damit eine leichte Erweiter- und Änderbarkeit der Programme gelegt werden. Durch diese Entwicklung hat die Assemblersprache ganz erheblich an Bedeutung verloren.

Folgende problemorientierte Programmiersprachen sind z. Zt. üblicherweise in Verwendung:

FORTRAN: Formular Translation.
Sie ist besonders für mathematische Aufgaben mit Formeln geeignet. Sie wird hauptsächlich im wissenschaftlichen Bereich eingesetzt.

BASIC: Beginners All Purpose Symbolic Instruction Code.
BASIC ist an FORTRAN angelehnt und wird häufig auf kleinen Computern benutzt. Es ist gut geeignet, um schnell erlernt zu werden.

ALGOL: Algorithmic Language.
Die einfache Programmierung von kompliziertesten Formelgruppen prädestiniert diese Sprache besonders für technisch-wissenschaftliche Aufgaben.

PL/1: Programming Language/1.
Diese Sprache ist ein Versuch, die Ausdrucksmöglichkeiten mehrerer Sprachen zu kombinieren. Sie wird jedoch nicht von allen Computerherstellern angeboten.

PASCAL: Diese Sprache hat gerade in jüngster Zeit größere Bedeutung erlangt, da sie mit verschiedenen Compilern für kleine Datenverarbeitungssysteme angeboten wird.

COBOL: Common Business Oriented Language.
Diese Sprache hat die höchste Verbreitung aller problemorientierten Programmiersprachen gefunden. Etwa 80 % aller im wirtschaftlichen Einsatz befindlichen Programme sind in COBOL geschrieben. Auch wenn das Konzept dieser Sprache relativ alt und der Aufwand für die Programmentwicklung wegen der notwendigen ausführlichen Schreibarbeit relativ hoch ist. COBOL wurde speziell für die Verarbeitung von Aufgaben im Geschäftsbereich entwickelt und ermöglicht es daher, sowohl die typischen geschäftlichen Berechnungen durchzuführen, als auch die vielen Wünsche an die Gestaltung der Ausgabe von Informationen in bestimmte Formulare (wie Rechnungen etc.), zu erfüllen. Es gibt z. Zt. keinen ernsthaften Ersatz für diese weit verbreitete Sprache, da aufgrund ihres Bekanntheitsgrades die darin geschriebenen Programme von fast jedem Programmentwickler weitergepflegt, geändert und angepaßt werden können.

Soll ein Programm in einer der genannten Sprachen auf einem bestimmten Rechner zum Ablauf gebracht werden, so benötigt man das entsprechende Übersetzungsprogramm. Alle diese Übersetzungsprogramme heißen wie bereits erwähnt Compiler. Die Entwicklung von Compilern ist relativ aufwendig. Da ein Compiler als Ergebnis den maschineninternen Code für eine bestimmte Maschine liefern muß, ist für jede Entwicklungsstufe von Computern mit neuer interner Vercodung bzw. geändertem Befehlsaufbau für jede anzuwendende Sprache ein neuer Compiler erforderlich. Der Hersteller, der davon ausgeht, daß ein Rechnermodell hauptsächlich für bestimmte Aufgaben eingesetzt wird, entwickelt daher auch nur die für den von ihm vorgesehenen Bereich interessanten Compiler.

Der Ablauf der Programmübersetzung durch den Rechner ähnelt, zumindest für den oberflächlichen Betrachter, dem für Assemblerprogramme beschriebenen Prozeß. Nach Eingabe des

Programmes in der problemorientierten Sprache lädt der Supervisor aus dem Speicher, auf dem das Betriebssystem geführt wird, den passenden Compiler in den Hauptspeicher. Dieser analysiert das eingegebene Programm Befehl für Befehl auf formale Richtigkeit und zerlegt die Anweisungen in Einzelschritte. Dabei wird geprüft, ob die Reihenfolge der Befehle keine unsinnigen Sprünge enthält und ob alle Datenfelder, die im Programm angesprochen werden, auch tatsächlich in das Programm eingelesen bzw. wieder ausgegeben werden. Nach Abschluß des Übersetzungsvorganges, der in mehrere Phasen abläuft, wird das Programm vom Supervisor im Hauptspeicher bereitgestellt und kann dann ausgeführt werden. Die oben formulierte Aufgabe, für die ein Assemblerprogramm und der maschineninterne Code dargestellt wurden, wäre in der problemorientierten Sprache COBOL mit folgenden Befehlen zu lösen:

```
1            IDENTIFICATION DIVISION.
2        *
3            PROGRAM-ID. PERSON.
4        *
5        *===========================================================================
6        *
7        * Aufgabe     : Berechnung des Durchschnittsgehalts, sowie die Summe
8        *               der Gehalter aller Mitarbeiter dividiert durch die
9        *               Zahl aller Mitarbeiter
10       *
11       * Erstellung  : 10.05.1986
12       *
13       *===========================================================================
14       *
15           ENVIRONMENT DIVISION.
16       *
17           CONFIGURATION SECTION.
18           SOURCE-COMPUTER. IBM-PC-AND-COMPATIBLE.
19           OBJECT-COMPUTER. IBM-PC-AND-COMPATIBLE.
20       *
21       *
22           INPUT-OUTPUT SECTION.
23           FILE-CONTROL.
24              SELECT   PERSONAL-FILE
25              ASSIGN   TO FILE-NAME
26              ORGANIZATION IS INDEXED
27              ACCESS MODE  IS DYNAMIC
28              RECORD KEY   IS PERSONAL-KEY OF PERSONAL-REC
29              ALTERNATE
```

```
                RECORD KEY    IS NAME        OF PERSONAL-REC
                              WITH DUPLICATES.
       *
       *
       DATA DIVISION.
       FILE SECTION.
       *
       FD  PERSONAL-FILE LABEL RECORD IS STANDARD.
       *
       01  PERSONAL-REC.
           02  PERSONAL-NR         PIC 9(5) COMP-3.
           02  PERSONAL-KEY
               REDEFINES PERSONAL-NR PIC X(3).
           02  ANREDE-NR           PIC 9(3) COMP-3.
           02  NAME.
               03  NACH-NAME       PIC X(30).
               03  VOR-NAME        PIC X(30).
           02  ADRESSE.
               03  STRASSE         PIC X(30).
               03  HAUSNUMMER      PIC X(5).
               03  PLZ             PIC X(6).
               03  ORT             PIC X(30).
           02  ABTEILUNG.
               03  FACHVORGESETZTER  PIC X(30).
               03  STELLEN-ANFORDERUNG PIC X(10).
               03  GEHALT          PIC 9(6)V99 COMP-3.
       *
       *
       WORKING-STORAGE SECTION.
       *
       77  FILE-NAME               PIC X(14)
           VALUE "C:PERSONAL.DAT".

       01  PERSONAL-SUMMEN.
           02  GEHALT-SUMME        PIC 9(10)V99 COMP-3.
           02  MITARBEITER-ZAHL    PIC 9(6)    COMP-3.
           02  DURCHSCHNITTS-GEHALT PIC 9(6)V99 COMP-3.

       77  GEHALT-TEXT             PIC X(58)
           VALUE "Das durchechnittliche Gehalt aller Mitarbeiter betrg
      -        "t : ".

       77  AUSGABE                 PIC X.
       *
       *
       PROCEDURE DIVISION.
       *
       DECLARATIVES.
       *
```

```
 79           PERSONAL-ERROR SECTION.
 80               USE AFTER STANDARD ERROR PROCEDURE ON PERSONAL-FILE.
 81           PERSONAL-ERROR-EXIT.
 82               EXIT.
 83           *
 84           END DECLARATIVES.
 85           *
 86           *
 87           PERSONAL SECTION.
 88           OPEN-PERSONAL-FILE.
 89               OPEN INPUT PERSONAL-FILE.
 90
 91           START-PERSONAL-DATEI.
 92               MOVE ALL ZEROS  TO PERSONAL-SUMMEN
 93               MOVE LOW-VALUES TO PERSONAL-REC
 94
 95               START PERSONAL-FILE
 96                   KEY IS NOT < PERSONAL-NR OF PERSONAL-REC
 97                 INVALID KEY
 98                     GO TO CLOSE-PERSONAL-FILE.
 99
100           READ-PERSONAL-FILE-NEXT.
101               READ PERSONAL-FILE NEXT NO LOCK
102                 AT END
103                     GO TO DURCHSCHNITTSBILDUNG.
104
105               ADD GEHALT TO GEHALT-SUMME
106               ADD 1      TO MITARBEITER-ZAHL
107
108               GO TO READ-PERSONAL-FILE-NEXT.
109
110           DURCHSCHNITTSBILDUNG.
111               COMPUTE DURCHSCHNITTS-GEHALT
112                  = GEHALT-SUMME
113                   / MITARBEITER-ZAHL
114
115               DISPLAY GEHALT-TEXT LINE 15 POSITION 01,
116                       DURCHSCHNITTS-GEHALT
117               ACCEPT AUSGABE.
118
119           CLOSE-PERSONAL-FILE.
120               CLOSE PERSONAL-FILE.
121
122           PERSONAL-EXIT.
123               STOP RUN.
124           *
END OF COBOL LISTINGS
```

3.4 Nicht-prozedurale Sprachen

Wenn Humphrey Bogart aus der Bahnhofshalle tritt, lässig im ersten Taxi Platz nimmt, dem Taxifahrer sagt: »Los Mann, erste Kreuzung rechts, dritte links« und sobald der Wagen in die gewünschte Straße einbiegt, fordert »direkt vor dem großen Sandsteinhaus halten«, dann hat er dem Taxifahrer in einer prozeduralen Sprache die Anweisung für seinen Fahrtwunsch mitgeteilt. In ähnlicher Form ist bei den im vorigen Abschnitt skizzierten Programmiersprachen dem Computer schrittweise über einzelne Anweisungen mitzuteilen, welche Operationen hintereinander abzuarbeiten sind. Dazu muß der Weg zum eigentlich gewünschten Ziel bzw. Ergebnis vom Programmentwickler genau ausgearbeitet und in Einzelschritten dargelegt werden.

Für Bogart wäre es viel einfacher zu sagen: »Hafenstraße 5«. Dies ist eine nicht-prozedurale Anweisung, da sie über den Weg zum gewünschten Ziel keine Aussage macht, sondern nur das Ergebnis des Fahrtwunsches ausdrückt. Man kann sich leicht vorstellen, daß auch für die Programmentwicklungen die Benutzung von nicht-prozeduralen Sprachen eine wesentliche Vereinfachung darstellt, da die technischen Schritte, die zum Erreichen des Ergebnisses benötigt werden, dann vom Programmierer gar nicht zu formulieren sind sondern nur das Ergebnis exakt definiert wird. Wegen des fundamentalen Unterschieds zu den klassischen, prozeduralen Sprachkonzepten wird dem neuen, erfolgversprechenden Prinzip ein eigener Abschnitt gewidmet.

Es gibt mehrere Ansätze, die versuchen, Aufgabenlösungen auf nicht-prozeduralem Weg zu formulieren und vom Rechner ausführen zu lassen. Am weitesten fortgeschritten ist hier die sogenannte Datenbanktechnik. Dabei wird die Verwaltung eines größeren Datenbestandes einem Datenbankverwaltungssystem – das ist ein betriebssystemnahes Programm – übertragen. Alle Zugriffe auf Daten in dem zugehörigen Bestand werden an das Verwaltungsprogramm übergeben. Dies übernimmt die Abwicklung der Zugriffe auf die Datenträger und stellt das gewünschte Ergebnis in einem vereinbarten Feld des Hauptspeichers zur Verfügung. Um dem Datenbankverwaltungssystem (Data Base Management System, DBMS) den Abfragewunsch mitteilen zu können, gibt es Abfragesprachen (query-languages), die als nicht-prozedurale Sprachen das gesuchte Ergebnis bzw. die gewünschte Information beschreiben lassen.

Für die im letzten Abschnitt bereits beispielhaft benutzte Durchschnittsgehaltsberechnung lautet die nicht-prozedurale Anweisungsfolge:

SELECT AVFRAGE(GEHALT)
GROUP BY ABTEILUNG
FROM Personaldatei

Wie anschaulich gezeigt werden kann, ist der Programmentwicklungsaufwand mit nicht-prozeduralen Sprachen deutlich niedriger. Damit sinkt jedoch nicht nur die Zeit für die Programmentwicklung sondern auch die Komplexität der Programmstruktur wird reduziert. Die Programme sind weniger fehlerbehaftet und für spätere Weiterentwicklungen übersichtlicher aufgebaut. Mit der gezeigten Abfragesprache lassen sich jedoch nur Anfragen auf die verwaltete Datenbasis formulieren. Für Verarbeitungsschritte, insbesondere Rechenoperationen, sind die Abfragesprachen nicht geeignet. Die Anforderung: »Nettolohnermittlung für Derrik« würde ja vom Interpretationsprogramm dieser Anweisung verlangen, daß es den Weg von einer Brutto- zu einer Nettolohnermittlung kennt und auch weiß, welche Datenfelder (z. B. Familienstand etc.) dazu benötigt werden. So wie der Taxifahrer den Plan der gesamten Stadt im Kopf präsent halten muß, so müßte ein System für allgemeine nicht-prozedurale Anweisungen auch Lösungswege für alle möglichen Anforderungen bereithalten. Soweit ist die Software-Entwicklungstechnik noch nicht fortgeschritten.

Der viel benutzte Begriff »Fünfte Computergeneration«, mit dem ausgedrückt werden soll, welchen Entwicklungssprung die Datenverarbeitung in der nächsten Zeit durchführen wird, bezieht sich teilweise auch auf den Übergang zu nicht-prozeduralen Sprachen, was sowohl eine entsprechend hohe Rechnerleistung voraussetzt als auch eine komplizierte Lösungssystematik für alle eintreffenden Anforderungen.

3.5 Programmstruktur

Jedes Programm setzt sich aus einer Vielzahl von Einzelbefehlen zusammen. Diese Einzelbefehle werden in der Reihenfolge abgearbeitet, in der sie im Programm aufgeführt sind. Um diese Reihenfolge zu durchbrechen bzw. bestimmte Befehle wiederholt mehrfach abzuarbeiten, müssen ganz besondere Steuerungsbefehle verwendet werden. Ein Programm sollte folglich generell so aufgebaut sein, daß durch die Abarbeitung der einzelnen Befehle die Lösung schrittweise erreicht wird.

Das Betriebssystem beginnt jeweils mit der Ausführung des ersten Befehls eines Programms. Nach der Ausführung dieses ersten Befehls steuert ein Befehlszähler den nächsten Befehl an usw. Durch den Einbau von sogenannten Sprungbefehlen ist es jedoch möglich, den Befehlszähler auf einen bestimmten gewünschten Befehl springen zu lassen, so daß dieser dann nach dem Sprungbefehl zur Ausführung kommt. Soll eine Befehlsgruppe wiederholt durchlaufen werden, kann am Ende der zu wiederholenden Befehlsgruppe ein Sprungbefehl auf den Anfang dieser Befehlsgruppe eingefügt werden. Der Befehlszähler würde in diesem Fall dann immer wieder auf den Anfang dieser Befehlsgruppe zurückspringen.

Der Befehl, auf den gesprungen werden soll, erhält einen Namen, der in problemorientierten Sprachen dem betreffenden Befehl einfach vorangestellt wird. Ein solcher Name darf in einem Programm niemals zweimal vergeben werden, da dann der Sprungbefehl nicht eindeutig ausgeführt werden könnte. Beim Übersetzungsvorgang ersetzt der Compiler den Namen durch die Adresse der Hauptspeicherstelle auf der der betreffende Befehl im Hauptspeicher abgelegt wird.

```
            :
            BEFEHL (y=2)
(Name) A    BEFEHL (x=y+4)
            BEFEHL (y=x·x)
            BEFEHL (springe nach A)
            :
```

Wie bereits angedeutet, würde die Steuerung durch den Sprungbefehl immer wieder auf den gleichen Befehl zurückverweisen und der Rechner würde in dieser Endlosschleife verharren. Zur Beendigung des wiederholten Schleifendurchlaufes muß eine Möglichkeit zum Springen aus der Schleife vorgesehen werden.

```
           :
           BEFEHL (y=2)
(Name) A   BEFEHL (x=y+4)
           BEFEHL (wenn x=22, springe nach B)
           BEFEHL (y=x·x)
           BEFEHL (springe nach A)
(Name) B   BEFEHL (drucke y und x)
```

Man unterscheidet dazu verschiedene Arten von Sprungbefehlen, die im Abschnitt 3.6.4 noch erläutert werden. Sind die einzelnen Befehle eines Programms abgearbeitet, kommt der Befehlszähler am Ende des Programmes auf einen Ende-Befehl und übergibt dann die Steuerung an das Betriebssystem zurück.

In jedem Programm werden Variable, Bereiche und/oder Konstanten verwendet. Während die Konstanten unmittelbar als Zeichen in die Befehle eingetragen werden können, müssen die Variablen und Bereiche vorher definiert werden, damit schon durch das Übersetzen im Hauptspeicher dafür Platz reserviert werden kann. Eine Variable beansprucht je nach späterem Inhalt mehrere Hauptspeicherfelder (Bytes). Das jeweils erste dieser Bytes wird durch den Namen des Feldes gekennzeichnet und über die Nennung des Namens in einem Befehl können Daten auf die zu diesem Feld gehörenden Bytes übertragen bzw. von dort gelesen werden.

3.6 Befehle

Es gibt im wesentlichen vier Arten von Befehlen. Sie unterscheiden sich durch grundsätzlich verschiedene Funktionen.

»Definitionsbefehle« dienen zum Einrichten und Reservieren von Hauptspeicherplatz für Variable und Konstantenfelder.

»Ein-/Ausgabebefehle« dienen dem Austausch von Daten zwischen dem Hauptspeicher in der Zentraleinheit und anderen externen Einheiten wie Platten, Bildschirmgeräten und Druckern.

»Verarbeitungs- und Rechenbefehle« ermöglichen die Auswertung und Bearbeitung von Daten.

»Abfrage- und Sprungbefehle« ermöglichen die Beeinflussung des Programmablaufs, wobei die Abarbeitungsreihenfolge je nach Inhalt von Datenfeldern unterschiedlich gesteuert werden kann.

In den folgenden Abschnitten soll für besonders interessierte Leser ein kurzer Einblick in die Programmiersprache BASIC und ihre Befehle gegeben werden. Für das Verständnis der Folgekapitel ist die Kenntnis der Befehle nicht notwendig. Es kann also auch direkt auf die Übungen und Testaufgaben des dritten Lehrabschnittes (Seite 88) weitergeblättert werden.

Die Befehle der Programmiersprache BASIC sind relativ einfach aufgebaut und haben trotzdem eine große Verwandtschaft zu den Befehlen der Sprache FORTRAN und zumindest in ihrer Funktionsweise auch zu den Befehlen der anderen Sprachen. Mit Hilfe der vier im weiteren durch Beispiele erläuterten Befehlsarten ist es möglich, alle automatisch zu bearbeitenden Aufgaben für einen Rechner zu formulieren.

Alle Befehle bekommen je eine Nummer, die in aufsteigender Folge den einzelnen Befehlen vorangestellt wird. Mit Hilfe dieser Nummern ist es möglich, jeden einzelnen Befehl durch einen Sprungbefehl zu erreichen und wiederholt bearbeiten zu lassen.

3.6.1 Definitionsbefehle

Definitionsbefehle werden nicht während des Programmablaufes abgearbeitet, sondern finden nur während der Übersetzung von der problemorientierten Sprache in die Maschinensprache Beachtung. Durch sie wird festgelegt, welcher Hauptspeicherplatz für die Ablage von Variablen und die Einrichtung von Konstanten benötigt wird und welche Arten von Variablen bzw. Konstanten gespeichert werden sollen. Man unterscheidet dabei Felder, die alphanumerische Zeichen (Buchstaben und Ziffern) und solche, die

Zahlen (getrennt nach ganzen Zahlen und Zahlen mit festen sowie variablen Kommastellen) aufnehmen.

Ein Definitionsbefehl könnte z. B. lauten:

100 DIMENSION TEILENR

Dieser Befehl löst beim Übersetzungslauf aus, daß die Variable »TEILENR« im Hauptspeicher vorgesehen wird. Der Name der Variable »TEILENR« deutet darauf hin, daß in dieser Variablen eine Teilenummer abgespeichert werden soll. Der Programmierer sollte zweckmäßigerweise immer Variablennamen wählen, die mit dem Inhalt der Variablen logisch zusammenhängen, damit bei der Programmerstellung und einer späteren Programmweiterbearbeitung eine bessere Übersicht gegeben ist. Prinzipiell ist er jedoch in der Wahl der Namen für die Variablen völlig frei; er könnte die Teilenummer auch z. B. in einer Variablen mit dem Namen »XYZ« abspeichern. Damit würde er jedoch die Programmentwicklungsarbeit unnötig komplizieren.

Mit dem Definitionsbefehl

110 DIMENSION AUFTRZEIL(10)

wird ein Bereich mit zehn Elementen reserviert. Darin können z. B. zehn Auftragspositionen eingetragen werden. Ein Programmierer, der Aufträge speichern möchte, könnte beispielsweise unter AUFTRZEIL(1) den Inhalt der ersten Auftragszeile, unter AUFTRZEIL(2) den Inhalt der zweiten Zeile usw. speichern.

Auch Bereichsdefinitionen in Form von ganzen Tabellen sind leicht möglich. So reserviert z. B. der Befehl

120 INTEGER TABELLE(10,10)

einen Bereich mit zehn Zeilen und zehn Spalten (100 Elementen). Dieser Bereich kann eine ganze Tabelle aufnehmen. Die einzelnen Tabellenelemente werden durch die Angabe ihrer Zeilen- und Spaltennummer angesprochen. Dabei wird wie bei der Bestimmung eines bestimmten Feldes auf einem Schachbrett vorgegangen, nur daß hier ausschließlich Zahlen verwendet werden, während dort auch Buchstaben auftreten. Das Element in der linken oberen Ecke des Bereichs hat den Namen TABELLE(1,1), das in der rechten oberen Ecke heißt TABELLE(1,10). Die erste Angabe in der Klammer bezeichnet immer die Zeile, die Angabe hinter dem Komma die Spalte der gewünschten Position.

3.6.2 Ein-/Ausgabe-Befehle

Ein-/Ausgabe-Befehle ermöglichen den Transport von Daten von Peripheriespeichern in die Zentraleinheit und umgekehrt. Sie werden üblicherweise auch als Lese-/Schreib-Befehle bezeichnet. Ein Lese-Befehl hat stets die Übertragung von Daten in den Hauptspeicher der Zentraleinheit zur Folge, ein Schreib-Befehl die Übertragung von Daten aus dem Hauptspeicher auf einen im Befehl zu spezifizierenden externen Speicher oder eine ebenfalls anzugebende Ausgabeeinheit (Drucker, Bildschirm etc.). Jeder Befehl muß außerdem kennzeichnen, welche Daten durch den Befehl übertragen werden sollen.

Ein Eingabe-Befehl hat z. B. folgendes Aussehen:
130 INPUT; TEILENR
INPUT bedeutet »Eingabe«. Der Befehl übernimmt die an der Tastatur eingegebenen Zeichen. Der Variablenname, der hinter dem Strichpunkt steht, bestimmt den Hauptspeicherplatz, an den die Information abzulegen ist.

Der Schreib-Befehl
140 WRITE x , EPREIS , VPREIS
ermöglicht den umgekehrten Vorgang. Der Inhalt der Hauptspeicherstellen, an denen der Einkaufs- und der Verkaufspreis abgelegt sind, wird an eine Speicher- oder Ausgabeeinheit, die durch »x« bestimmt wird, übertragen.

3.6.3 Rechenbefehle

Rechenbefehle ermöglichen die Verarbeitung von numerischen Daten nach mathematischen Regeln. Sie sind üblicherweise so aufgebaut, daß einem ersten Operanden, der in Form des Namens einer Variablen angegeben wird, getrennt durch einen Operator (häufig Gleichheitszeichen), ein mathematischer Ausdruck folgt. Wie bereits in Abschnitt 3.3 beschrieben, können in einigen höheren Programmiersprachen die Rechenbefehle formal genauso aufgebaut sein, wie sie auch zur normalen mathematischen Darstellung strukturiert werden würden.

Die entsprechenden Compiler sind in der Lage, solche Ausdrücke zu zerlegen und dem Rechner in lauter Einzelbefehlen zur Bearbeitung vorzugeben. Da jedoch in Programmbefehlen keine Bruchstriche oder Hochzahlen eingesetzt werden können, muß die Befehlsdarstellung für den Rechner in geringfügig abgewandelter Form erfolgen. So ist die Funktion zur Berechnung der Seitenlänge in einem rechtwinkligen Dreieck nach der Formel
$a^2 = b^2 + c^2$ d. h. $a = \sqrt{b^2 + c^2}$
als Programmbefehl folgendermaßen einzugeben:
A = SQRT(B**2+C**2).

Der Variablenname »A« hat sich nicht geändert, abgesehen davon, daß er jetzt groß geschrieben wurde. Verschiedene Programmiersprachen lassen hier auch Kleinbuchstaben zu. Das Gleichheitszeichen ist ebenfalls geblieben. Das Wurzelzeichen kann im Befehl jedoch nur in der Form des Kürzels SQRT (square root) angegeben werden. Aus dem in Klammern eingeschlossenen Ausdruck hinter SQRT ist jeweils die Quadratwurzel zu ziehen. Auch die Potenzen können nicht in üblicher Form geschrieben werden, sondern müssen in Art einer zweifachen Multiplikation (zwei Sternchen hintereinander) deutlich gemacht werden. Als Ergebnis des obigen Befehls wird an der für die Variable mit dem Namen A reservierten Hauptspeicherstelle nach Abschluß der Befehlsausführung der Wert abgespeichert, der aus der Abarbeitung des Ausdrucks auf der rechten Seite des Gleichheitszeichens resultiert. Ein Befehl mit dem Aufbau
A = A+B
verursacht folgende Operationen: Der Wert der an der Hauptspeicherstelle der Variablen A steht, wird zu dem Wert, der an der Hauptspeicherstelle der Variablen B steht, addiert und dann wieder an die Stelle der Variablen A im Hauptspeicher geschrieben. Der bisherige Wert der Variablen A geht damit verloren. Mit dieser Art von Operationen lassen sich jedoch auch komplizierte Befehlsteile relativ leicht aufbauen.

Die Gleichheitszeichen sind hier besondere Operatoren im Sinne von Zuweisungsanweisungen, da mathematisch $a = a+b$ nur dann gilt, wenn $b = 0$ ist.

3.6.4 Vergleichs- und Sprungbefehle

Die Sprungbefehle können in zwei Gruppen eingeteilt werden. Die erste Gruppe sind die sogenannten »unbedingten Sprungbefehle«. Ein unbedingter Sprungbefehl im Programmablauf bewirkt immer den Sprung auf den gewünschten angegebenen Befehl. Wenn die Befehlssteuerung durch Abarbeitung der vorstehenden Anweisungen auf eine Sprunganweisung kommt, wird vom Befehlszähler auf die Speicherplatzadresse des Befehls geschaltet, den die unbedingte Sprunganweisung angibt. Ein unbedingter Sprungbefehl hat den Aufbau
   GO TO x

GO TO steht für »springe auf«, an der Stelle des »x« wird der Name (die Nummer) des Befehls eingetragen der angesprungen werden soll.

»Bedingte Sprungbefehle« sind immer auch gleichzeitig Abfragen. Ein bedingter Sprung wird nur ausgeführt, wenn eine bestimmte Bedingung erfüllt ist. Ob die Bedingung erfüllt wird, muß durch einen Vergleich (eine Abfrage) festgestellt werden.

Ein bedingter Sprungbefehl kann allgemein wie folgt dargestellt werden:
Befehlsnummer IF Bedingung Konsequenz

Das IF weist auf einen bedingten Sprungbefehl hin. Es bedeutet, wenn die angegebene Bedingung zutrifft, dann führe den Befehlsteil aus, der als Konsequenz angegeben ist. Die Bedingung wird als mathematischer Ausdruck formuliert. Sie kann z. B. den Vergleich der Größe zweier Zahlenwerte beinhalten ($a < b$). Es kann jedoch auch ein Vergleich zwischen alphabetischen Zeichen angestellt werden. Die Bedingung
   ... IF KUNAM = LIEFNAM ...
vergleicht einen Kundennamen mit einem Lieferantennamen. Bei Identität würde die der Bedingung nachfolgende Konsequenz ausgeführt werden. Da alle Zeichen als Bit-Kombinationen dargestellt werden und diese Bit-Kombinationen auch als Dualzahlen interpretiert werden können, ist auch ein solcher Vergleich zwischen alphabetischen Zeichen für den Rechner letztlich ein Vergleich zwischen Zahlenwerten.

3.7 Übungen und Testaufgaben zum dritten Lehrabschnitt

1. In welchem Speicher müssen die gerade auszuführenden Befehle und die dafür benötigten Daten bereitgestellt sein?

	ja	nein
Hauptspeicher	☐	☐
Plattenspeicher	☐	☐
Magnetbandspeicher	☐	☐
Externspeicher	☐	☐

2. Warum sind problemorientierte Programmiersprachen für die Programmentwicklung vorzuziehen, obwohl sie meistens zu Programmen führen, die mehr Speicherplatz benötigen und langsamer laufen, als in maschinenorientierten Sprachen entwickelte Programme?

Bestimmte Probleme können nur mit problemorientierten Sprachen bearbeitet werden.	☐
Problemorientierte Sprachen brauchen zwar mehr Hauptspeicherplatz, sparen aber Externspeicher	☐
Programme sind in problemorientierten Sprachen schneller zu entwickeln und leichter zu pflegen	☐

3. Versuchen Sie abzuschätzen (der Zusammenhang wurde im Text hier nicht detailliert beschrieben), wieviele maschinenorientierten Befehle bei der Übersetzung des folgenden Befehls in einer problemorientierten Sprache durch den Compiler erzeugt werden:

   $A = B + C * (D - F)$

über 10	☐
genau 1	☐
3 oder 4	☐

4. Warum benutzt man nicht allgemein »nicht-prozedurale Sprachen« für die Programmentwicklung, obwohl diese die Arbeit wesentlich erleichtern würden?

5. (Bezieht sich auch auf den Abschnitt 3.6) Welche Befehle müssen in etwa wie hintereinander gesetzt werden, um 100 Datensätze von Mitarbeitern einlesen zu können, deren letztes Monatsgehalt aufzuaddieren und den Durchschnittsmonatsgehalt über alle Mitarbeiter zu bilden?

Vierter Lehrabschnitt:

4. Die Einheit von Zeit und Raum – Neue Wege der Kommunikation
WIE Informationsverarbeitung und moderne Telekommunikation zusammenwachsen

Die Weitergabe von Informationen über die Zeit hinweg spielt für die menschliche Entwicklung eine bedeutende Rolle. Von Natur aus mit relativ wenig Instinkten begabt, benötigt jeder Mensch eine Entwicklungsphase, in der er von Älteren, schon Erfahrenen, einen Verhaltenskodex und Erfahrungsschatz übernehmen kann. Von Anbeginn der menschlichen Entwicklung war dies durch das Erzählen – durch die Sprache – möglich. Im Laufe der Zeit wurde diese Erfahrungsweitergabe durch die Schrift wesentlich unterstützt. Die für die Menschen ebenfalls wichtige Weitergabe von Informationen über größere Entfernungen wurde zwar durch Läuferstaffeln, Postreiter und Signalfeuer beschleunigt, erfuhr aber erst im Jahre 1860 durch die telegraphische Übermittlung von Buchstaben und Ziffern ein ausreichendes Tempo. Damit waren zwar beide Grundbedingungen für eine unbeschränkte Informations- und auch Wissensübertragung in zeitlicher und räumlicher Hinsicht erfüllt, beide Formen waren jedoch nicht ineinander überführbar. Die handgeschriebene Meldung oder das Buch mußten erst in den Morseapparat hineingetippt werden und die Piepstöne auf der Empfängerseite waren durch einen erfahrenen Funker wieder in eine Klarschrift zu übersetzen. Erst die technischen Formen der Informationsverarbeitung der letzten Jahre ermöglichen sowohl eine Speicherung als auch Übertragung von Informationen in der gleichen strukturellen Form und auf den gleichen technischen Geräten, ohne daß ein Mensch für die Umsetzung notwendig wäre.

4.1 Von Aida bis Zuckmaier nur noch Bits

Während die frühesten Entwicklungen von Schriften zur Aufzeichnung von wichtigen Fakten eine große Zahl von einzelnen Zeichen umfaßten, die jeweils verschiedene Zusammenhänge symbolisierten und damit sowohl im alten China wie auch in Ägypten die Schriftgelehrten zu einer hoch angesehenen Zunft werden ließen, haben wir heute im sogenannten Informationszeitalter die Darstellung aller Arten von Signalen auf banale zwei unterschiedliche (d. h. digitale) Zustände reduziert. Aus dem schnellen Wechsel von Impuls und Nicht-Impuls (L oder 0) setzen wir jede gewünschte Art von Information zusammen. Die vergleichsweise einfachen 26 Buchstaben unseres Alphabets, die technischen Zeichnungen eines neuen Automobilmodells und auch die Mischung von Information und Gefühl in Form einer Opernarie sind auf Impulsfolgen reduzierbar.

Während die Nadel eines Phonographenapparates, den man mit einer Handkurbel aufziehen kann, in harmonischen Schwingungen den Ausbuchtungen der Plattenrillen folgt, und damit die Membrane unterhalb des Trichters in Schwingungen versetzt, die uns die Klänge eines Glenn-Miller-Orchesters erahnen lassen, werden heute die subtilsten Feinheiten einer Komposition durch entsprechende Kombinationen ganz harter 0,L-Folgen gespeichert und übertragen. Die Compact-Disk, ursprünglich als Revolution für Musikliebhaber vermarktet, ist längst zu einem Informationsträger geworden, der auf kleinstem Raum viele Millionen-Zeichen dauerhaft aufbewahren kann.

Trotz der zunächst nicht einleuchtenden Zerlegung der Schwingungen einer Melodie in Ketten von 0,L-Informationen, ist die Aufzeichnungsdichte auf den neuen digitalen Informationsträgern wesentlich größer als auf den herkömmlichen analogen. So kann man auf der kleinen Compact-Disk deutlich längere Musikstücke speichern als auf einer 30 cm Langspielplatte. Dazu kommen die enormen Vorteile sogenannter fehlerkorrigierender Codes, mit deren Hilfe es möglich ist, gegebenenfalls auftretende Speicherungs- oder Übertragungsfehler zu erkennen und die korrekte Impulsfolge zu rekonstruieren. Knackgeräusche in einer Melodie,

Störungen in einer Sprachübertragung oder fehlerhaftes Lesen von gespeicherten Daten gibt es hier nicht.

Der damit erreichte Durchbruch zu einer homogenen Informationsspeicherung, -darstellung und -übertragung wird jedoch erst dann bewußt, wenn man sich vergegenwärtigt, daß die Muster von 0,L-Kombinationen auf allen Speichern und auf allen Übertragungsmedien in gleicher Weise benutzt werden können und erst am Ort der Ausgabe bzw. der Darstellung für den Benutzer eine Umwandlung der digitalen Zeichenfolgen in die für den Menschen adäquat aufzunehmenden Symbole in Form von Musik, Sprache, Text oder Bild erfolgt.

4.2 Postdienste: Btx, Telefax, Teletex

Für alle diejenigen, die das Telefon als eine selbstverständliche Einrichtung von Jugend an kennengelernt haben, scheint sich in diesem Bereich kaum eine Entwicklung zu vollziehen. Außer der Neugestaltung der Telefonapparate und der Zunahme der Teilnehmerzahl im Telefonsystem hat sich offenbar nichts geändert. Dieser Eindruck ist nur scheinbar richtig, denn die lediglich stilmäßigen Wandlungen der äußeren Erscheinungsform werden von Revolutionen im Inneren des Telefonsystems begleitet. Der Übergang vom Morse'schen Telegraphen zum Bell'schen Telefon war der Wechsel von einem digitalen zu einem analogen Netz und wurde viel gepriesen und gefeiert. Heute wird diese Entwicklung wieder zurückgedreht und während der Telefonteilnehmer selbstverständlich auch künftig in das Telefon sprechen kann und aus der Hörmuschel die Stimme des Gesprächspartners erkennt, so werden doch über die Leitungen zwischen den beiden Telefonapparaten nicht mehr elektrische Schwingungen in Form der Sprachtonfolgen übertragen, sondern digitale Impulse. Damit erreicht die Post neben einer qualitativ besseren Telefonübertragung die Vereinheitlichung ihrer gigantischen Infrastrukturen in Form von bisher noch getrennten Netzsystemen für Telefon, Telegraphie und Datenübertragung. Das sogenannte ISDN (Integrated Services Digital Network) ist kein Zukunftstraum mehr, sondern befindet sich bereits in Realisierung. Die Deutsche Bundespost strebt an, zunächst den sogenannten schmalbandigen Bereich von Datenübertragungskanälen, der für Telefon, Telegraphie und die Übertragung kleinerer Datenvolumina eingesetzt wird, in ein rein digitales Netz zu überführen und dann in wenigen Jahren in Verbindung mit einer neuen Übertragungstechnik (z. B. Lichtwellenleiter) auch den Bereich der breitbandigen Übertragung (z. B. Bildtelefon, Fernsehen, große Datenvolumen) auf das gleiche digitale Netz umzustellen. Damit ergeben sich sowohl für die Post als auch für deren Kunden ganz entscheidende Vorteile. Die Auslastung der Leitungssysteme kann wesentlich verbessert werden, da durch die Vermischung von Sprachkommunikation und Datenübertragung eine gleichmäßigere Belastung des Netzes eintritt. Die digitalen Impulsfolgen werden mit den Adressen versehen, wohin sie im Netz zu lenken sind. Damit wird es möglich, auch auf ein und demselben Kanal hintereinander Impulsfolgen für verschiedene Teilnehmer laufen zu lassen, so lange nur für die Betroffenen, denselben Kanal benutzenden Teilnehmer, keine Verzögerung in der Datenübertragung eintritt. Denkt man nur an die Sprechpausen beim Telefonieren, so erkennt man, welche heute nicht genutzten Kapazitäten der teueren Übertragungsnetze damit Verwendung finden könnten.

Für die Benutzer des Systems ergeben sich neben der Sicherung der Preisstabilität für die Fernmeldedienste noch ganz andere Vorteile. So kann während eines Telefonats mit einem weit entfernten Gesprächspartner auf dem gleichen Weg auch beispielsweise eine Skizze an diesen übertragen werden. Die teure und umständliche Einrichtung eines Telefonanrufbeantworters kann entfallen, da die Post selbst in der Lage ist, Gespräche für einen nicht-anwesenden Teilnehmer in digitaler Form abzulegen und diese dann auf Wunsch sogar an einen anderen Apparat weiterzuleiten. Auch ist eine automatische Durchschaltung einer Verbindung möglich, die zunächst an einem besetzten Empfängeranschluß scheiterte.

Entsprechend der Gliederung der verschiedenen Dienstleistungen der Deutschen Bundespost wird im folgenden skizziert, welche Übertragungsmöglichkeiten sich mit einem digitalen Netz ergeben. Die Beschreibung der bisherigen Technik lohnt sich nicht mehr, da das schmalbandige ISDN bereits ab 1988 eingeführt werden soll und ab 1990 eine Parallelsituation zwischen Schmalband und Breitband-ISDN bestehen wird. Bereits ab 1992 soll dann ein einziges universales Netz von der Deutschen Bundespost betrieben werden. Auf die bisherigen Systeme wird nur insoweit bezug genommen, als sie den meisten Lesern vertraut sein dürften und damit zum Vergleich herangezogen werden können.

Auf den bereits erwähnten Netzen bietet die Deutsche Bundespost verschiedene Dienstformen an. Die Netze selbst werden im folgenden Abschnitt 4.3 detaillierter beschrieben. Wegen des hohen Verbreitungsgrades der verschiedenen Endgeräte (Telefon, Fernschreiber) in den bisherigen Diensten muß beim Übergang zu neuen Übertragungstechniken bzw. Netzformen ein Nebeneinander der alten und neuen Einrichtungen ermöglicht werden. Die breite Realisierung besserer Techniken kann daher teilweise nur schrittweise geschehen. Letztendlich werden alle hier beschriebenen Dienste in den 90er Jahren auf die Nachfolgeeinrichtung des heutigen Fernsprechnetzes umgestellt werden und sich dann nur noch durch die verschiedenen angeschlossenen Geräte unterscheiden.

4.2.1 Bildschirmtext

Die Grundidee des von der Deutschen Bundespost vorgestellten Bildschirmtextdienstes liegt (in Erweiterung ähnlicher in anderen Ländern bereits realisierter Systeme) in der Verknüpfung von sehr weit verbreiteten Einrichtungen – Telefon und Fernsehapparat – zu einem gemeinsamen System zur Übertragung und Darstellung von Text und Bilddaten. Die Vorteile des konzeptionellen Ansatzes sind ganz deutlich. Die Post und die Bildschirmtext-Teilnehmer nutzen die vorhandene Infrastruktur in Form des Telefons und der Fernsehgeräte, wobei die Post zur Vermittlung der Btx-Informationen und zur Speicherung von Bildschirmseiten, die den Anwendern zum Abruf bereit stehen sollen, einige Rechner installieren muß.

Um Bildschirmtext betreiben zu können, benötigt der Anwender eine sogenannte Bildschirmtext-Anschlußbox, für die er im Monat eine geringe Grundgebühr an die Post zu entrichten hat. Außerdem muß das Fernsehgerät einen Bildschirmtextadapter aufweisen, der bisher leider noch relativ teuer bezahlt werden mußte. Man kann jedoch davon ausgehen, daß solche Adapter bald zum Stückpreis von unter DM 300,- angeboten werden. Damit kann sich der Bildschirmtext-Teilnehmer über seinen gewöhnlichen Telefonanschluß durch Anwahl einer speziellen Nummer in seinem Nahverkehrsbereich in das Bildschirmtextsystem verbinden. Er zahlt tagsüber entsprechend dem 8-Minuten-Takt (18 bis 8 Uhr 12 Minuten-Takt) für jedes benutzte Zeitintervall 0,23 DM. Über die Fernbedienung seines TV-Gerätes oder auch über eine spezielle Tastatur, die an den Bildschirmtextadapter angeschlossen werden kann, gibt der Teilnehmer Nummerncodes ein, mit denen er dem System seinen Informationswunsch mitteilt. So kann er beispielsweise aus dem Btx-Teilnehmerverzeichnis (entspricht dem Telefonbuch) die Btx-Nummer einer Firma entnehmen, deren Angebot ihn interessiert. Nach Eingabe der erwähnten Nummer erscheint auf dem Bildschirm eine Übersicht der von dieser Firma im Bildschirmtextsystem abgespeicherten Bildschirmseiten. Durch erneutes Eingeben einer spezifizierenden Nummer kann der Teilnehmer dann die gewünschte Bildschirmseite anwählen. Neben diesem reinen Heraussuchen und Lesen von Informationen ist auch eine Eingabe an andere Bildschirmtextteilnehmer möglich. So kann beispielsweise auf ein Angebot eines Herstellers oder Versenders reagiert werden, indem man auf einem speziellen Bild seine Bestelldaten einträgt. Diese werden dann über das System der Post dem Anbieter zugespielt.

Auch ein direkter Austausch von Text- bzw. Bildinformationen zwischen zwei Teilnehmern ist möglich. Die Post stellt eine Art elektronischen Briefkasten bereit, in dem ein Bildschirmtextteilnehmer unter Angabe der Adreßnummer eines anderen Teilnehmers Informationen ablegen kann. Der andere Teilnehmer erhält nach Einschalten seines Gerätes den Hinweis, daß für ihn im »Briefkasten« Information abgelegt ist, die er sich dann auf Wunsch mit seinem Gerät anzeigen lassen kann.

Aufgrund der noch zu hohen Preise für die Bildschirmtextadapter haben sich die Erwartungen der Deutschen Bundespost bezüglich der Zahl der Bildschirmtextteilnehmer im privaten Bereich bis heute nicht erfüllt. Es hat sich jedoch gezeigt, daß Bildschirmtext aufgrund seines normativen Charakters in Form der postalischen Vorschriften ein Kommunikationssystem darstellt, über das Datenverarbeitungseinrichtungen unterschiedlichster Größe und von verschiedenen Herstellern miteinander kommunizieren können. Insoweit hat Bildschirmtext einen Siegeszug angetreten als ideale Ausrüstung für solche Gruppen von Teilnehmern, die beispielsweise untereinander häufiger Bestellungen und Informationen auszutauschen haben. So gibt es Versandhandelseinrichtungen, Buchgrossisten, Arzneimittellieferanten, Reisebüros etc., die ihrer Klientel über Bildschirmtext einen Bestellservice anbieten. Wenn dabei auch noch nicht die eigentlichen Endverbraucher im großen Stil angesprochen werden konnten, so ergibt sich jetzt eben beispielsweise für den Buchhändler die Möglichkeit, bei verschiedenen Grossisten über Btx Bestellungen aufzugeben, unabhängig davon, welche Datenverarbeitungssysteme bei diesen Lieferanten installiert sind.

Hat ein Informationsanbieter sehr viele Bildschirmseiten für seine Kundschaft aufgebaut, so ist es nicht einmal nötig, daß er diese Seiten dem Bildschirmtext-Rechner der Deutschen Bundespost überträgt. Es ist in solchen Fällen auch möglich, daß ein Anbieter von Information mit einem sogenannten externen Rechner in das Bildschirmtextsystem eintritt. Ein Teilnehmer wird dann bei Eingabe der Btx-Nummer der betreffenden Firma automatisch mit dem Rechner dieser Firma verbunden. Jeder externe Rechner – unabhängig, von welcher Firma er geliefert und betrieben wird – muß in dem von der Post vorgeschriebenen Modus die eingehenden Anfragen bearbeiten. Damit ist es für den Benutzer nicht notwendig, sich in die verschiedenen Besonderheiten mehrerer Systeme einzuarbeiten.

Der gesamte Datenaustausch wird folglich über den normalen Telefonanschluß abgewickelt. Der Fernseher dient nur als Monitor (d. h. als Bildröhre), auf dem die über das Telefonnetz übertragene Information angezeigt wird. Um die digitalen Daten auf dem heute noch analog orientierten Telefonnetz übertragen zu können, ist im Rahmen der Bildschirmtext-Anschlußbox ein MODEM eingebaut, das die abgesendeten Signale moduliert (d. h. in Töne umwandelt) und die eingegangenen Signale demoduliert (d. h. in klassische digitale Informationen umsetzt).

4.2.2 Telefax

Das Kunstwort Telefax steht für Tele-Faksimile und soll den technischen Vorgang der Übertragung einer Vorlage in ihrer ursprünglichen Form und Optik zu einem entfernten Ort umschreiben. Ein Text wird folglich nicht Buchstaben für Buchstaben übertragen und beim Empfänger sinngemäß reproduziert, sondern der Inhalt einer DIN A 4-Seite wird zeilenweise so abgetastet, übertragen und beim Empfänger wiedergegeben, daß ähnlich einer Kopie der optische Gesamteindruck des Seiteninhalts reproduziert wird. Damit ist es selbstverständlich möglich, auch Abbildungen, Unterschriften etc. zu übertragen. Die Fernübertragung von Vorlagen erfolgt über die technischen Einrichtungen des Telefonnetzes. Absender und Empfänger von Telefax benötigen ein spezielles Fernkopiergerät, das von der Deutschen Bundespost zugelassen und an das Telefonnetz angeschlossen sein muß. Verfügt ein Teilnehmer (auch beide) nicht über eine entsprechende Einrichtung, kann der Telefaxdienst über den sogenannten »Telebrief«-Service der Bundespost genutzt werden. In etwa 600 Postämtern sind Telefaxgeräte aufgestellt. Dem Postkunden wird es damit ermöglicht, eine Vorlage über diese öffentlichen Geräte an das Privatgerät eines Teilnehmers oder wiederum ein anderes öffentliches Gerät übertragen zu lassen. Im letzteren Fall entsteht die Fernkopie im nächstgelegenen Postamt des Adressaten und wird von dort mit einem dem Telegrammdienst ähnlichen Sofortaustragungsservice dem Teilnehmer zugestellt.

Aufgrund internationaler Vereinbarungen der Telefon- und Telegraphengesellschaften gibt es zwei Gruppen von Fernkopierern. Der erste Gerätetyp kann eine DIN A 4-Seite in etwa 3 Minuten bei einer Auflösung von 3,85 Zeilen pro Millimeter übertragen.

Geräte der zweiten Kategorie können eine DIN A 4-Seite mit der gleichen Auflösung von 3,85 Zeilen pro Millimeter in nur einer Minute übertragen, bieten jedoch die Möglichkeit, auch mit einer höheren Auflösung von 7,7 Zeilen pro Millimeter bei doppelter Übertragungsdauer zu arbeiten.

Telefax-Geräte können grundsätzlich an jeden Hauptanschluß oder Nebenanschluß einer Nebenstellenanlage angeschlossen werden. Die Geräte müssen nicht wie z. B. die Telefonapparate eines Hauptanschlusses zwangsweise von der Deutschen Bundespost gemietet werden, sondern können auch käuflich erworben werden. Die Verbindungsgebühren entsprechen, da die Übertragung in Form von Telefongesprächen stattfindet, auch den Gebühren für diesen Dienst. Dies bedeutet, daß ein Brief mit einer Seite auf einem Fernkopierer der zweiten Gruppe auch über die weiteste Entfernung in der Bundesrepublik für einen Betrag von etwa DM 1,- übertragen werden kann. Der Betrag ergibt sich bei einer Sprechdauer von 12 Sekunden pro Gesprächsgebühreneinheit bei Entfernungen von mehr als 100 km im Tagbereich. Im Nahbereich kann ein entsprechender Brief für eine Einheit übertragen werden und nachts (d. h. zwischen 18 und 8 Uhr) schrumpft die Übertragungsgebühr auch im Fernbereich auf zwei Einheiten.

Neben den Anschließungs- und laufenden Gebühren für den Telefonhauptanschluß sind einmalig je Fernkopierer etwa DM 60,- für die Einrichtung zu bezahlen und monatlich je Fernkopierer ca. DM 5,-.

4.2.3 Teletex

Wie bereits erwähnt, ist der Telexdienst (auch als Telegraphie, Fernschreiben, Telegramm bezeichnet) die älteste Form der elektrischen Übertragung von Informationen über größere Entfernungen. In der Bundesrepublik sind weit über 150 000 Teilnehmer im Telexdienst und weltweit etwa 1,5 Mio. Anschlüsse zu erreichen. Dem Vorteil des hohen Verbreitungsgrades steht der Nachteil einer relativ langsamen Übertragungsgeschwindigkeit von 6 2/3 Zeichen je Sekunde gegenüber. In der Regel werden auch nur große Buchstaben und Ziffern übertragen. Die meisten Fernschreiber sind heute noch mechanisch aufgebaut und müssen die empfangenen Zeichen sofort ausdrucken, da sie über keine Speichermöglichkeit verfügen.

Allerdings können die Fernschreibgeräte bedienungslos betrieben werden und durch den ankommenden Ruf eines Absenders aus dem Wartezustand in den Aktivzustand versetzt werden.

Der neue Dienst Teletex ist als Nachfolgesystem von Telex anzusehen. Der Teletexdienst wird zwischen elektronischen Endeinrichtungen durchgeführt und hat die 50-fache Übertragungsleistung des Telexdienstes. Neben der höheren Geschwindigkeit erlaubt Teletex auch die Übertragung des gesamten Zeichenvorrats von Schreibmaschinen mit »lateinischem« Zeichenvorrat. Die Teletexgeräte bestehen in der Regel aus einem Bildschirm, einer Tastatur, einem Drucker, einer Kommunikationseinrichtung und einem Speicher. Dieser Speicher muß in seiner Kapazität dem voraussichtlichen Verkehrsaufkommen der jeweiligen Stelle entsprechen, da die Kommunikation zwischen den Teletexgeräten zunächst nur zwischen deren Speichern abgewickelt wird. Jeder eingehende Text wird abgelegt und erst zu einem von der Bedienungskraft gewünschten Zeitpunkt ausgegeben. Dieser Unterschied zum Fernschreibsystem resultiert daraus, daß die Teletexeinrichtung im Grunde eine Weiterentwicklung einer modernen Schreibmaschine darstellt. Damit soll in den Büros die Möglichkeit eröffnet werden, das Gerät auch als Schreibmaschine zu nutzen und die Briefe an Teilnehmer des Teletexdienstes anstatt auf dem klassischen Postweg nur in Form elektrischer Signale an den Empfänger zu übertragen. Da dort wiederum das Gerät ebenfalls zur Texterstellung benutzt wird und damit für die Ausgabe eines Briefes nicht dauernd verfügbar ist, muß der Text über einen Speicher zwischengepuffert werden.

4.3 Informationsnetze: Gewebe aus Kupfer, Glas und elektromagnetischen Wellen

Spätestens seit die transozeanischen Tiefseekabel durch Satelliten unterstützt werden, ahnt der aufmerksame Telefonbenutzer, daß seine Gespräche nicht nur über den dünnen Kupferdraht übertragen werden, der sich aus der Steckdose in seinen Apparat schlängelt, sondern daß auch andere Übertragungsmöglichkeiten für Telefongespräche existieren. Die vielfältigen Übertragungsmöglichkeiten werden aber nicht nur bei interkontinentalen Ferngesprächen genutzt, sondern es genügt bereits ein Telefonat, das über den Bereich des eigenen Ortsnetzes hinausgeht. Zwar werden die wortgewaltigen Telefonate zweier Gesprächspartner, die nur einige dutzend Kilometer auseinandersitzen, nicht zuerst in den Himmel bis zu einem Satelliten gesendet, um dann mit einer Parabolantenne wieder eingefangen zu werden, aber sie verlassen sehr wohl das bekannte 2-adrige Kupferkabel.

Die Deutsche Bundespost hat neben dem 2-adrigen Kabel, über das ein Telefongespräch abgewickelt werden kann, auch Verbindungen höherer Güte, über die gleichzeitig mehrere Telefongespräche ausgetauscht werden können, ohne daß die verschiedenen Gesprächspartner sich gegenseitig stören. Dazu gehören sogenannte Koaxialkabelverbindungen, die in ähnlicher Form in den meisten Haushalten als Anschlüsse für die Fernsehantennen Verwendung finden, sowie Richtfunkstrecken, die zwischen Sendetürmen mit speziellen Antennen einjustiert werden, und schließlich Lichtwellenleiter, die bereits auf einigen Versuchsstrecken die Übertragung vieler Gespräche nebeneinander ermöglichen.

4.3.1 Leitungsvermittlung

Auch wenn bereits deutlich wurde, daß für ein Telefongespräch nicht immer ein 2-adriges Kabel zwischen den beiden Gesprächspartner durchgeschaltet werden muß, sondern verschiedene Übertragungssysteme wechselweise dafür genutzt werden können, so bleibt jedoch das Faktum bestehen, daß ein wie auch immer technisch gearteter Kanal während dieses Gespräches zwischen den Teilnehmern durchgeschaltet bleibt. Dies gilt in gleicher Weise auch für andere Übertragungsdienste der Post wie z. B. Telegraphie. Die Pausen, die in jeder Übertragung zwangsläufig entstehen, lassen einen Teil der Übertragungskapazität ungenutzt.

Bei allen leitungsvermittelten Übertragungssystemen werden die Gebühren aufgrund der Entfernung zwischen den Teilnehmern und der Dauer der Verbindungsdurchschaltung ermittelt. Mit steigendem Bedarf für die Übertragung digitaler Daten hat die Post in den vergangenen Jahren neben dem analogen (d. h. für Sprachübertragung vorgesehenen) Fernsprechnetz das digitale Telegraphennetz weiter ausgebaut und um das sogenannte DATEX-Netz erweitert. Die Teilnehmer des DATEX-Netz-Betriebes können je nach Kapazität (Übertragungsgeschwindigkeit) ihres Anschlusses digitale Daten untereinander austauschen. Wie das Telegraphennetz war das DATEX-Netz zunächst auch ein rein leitungsvermittelndes Netz.

Schon seit vielen Jahren ist es möglich, bei der Post festgeschaltete Telefonverbindungen (sogenannte Standleitungen) zu mieten. In reiner Abhängigkeit von der Entfernung zwischen den beiden verbundenen Orten werden die Gebühren ermittelt; sie sind unabhängig davon, wie häufig die Verbindung tatsächlich genutzt wird. Gerade der Austausch von Daten hat es für viele Firmen attraktiv werden lassen, solche festgeschalteten Leitungen zwischen den Rechnern von Zweigbetrieben oder Filialen anzumieten, um damit jederzeit und ohne Anwählvorgang einen Datenaustausch betreiben zu können. Mit der Ausweitung der Datenverarbeitung wurde die Nachfrage nach festgeschalteten Leitungsverbindungen zur Übertragung von Daten so groß, daß die Bundespost auch Kanäle für die digitale Übertragung zwischen festen Standorten vermietet hat.

4.3.2 Paketvermittlung

Wie bereits mehrfach erläutert, wird die Übertragungskapazität von leitungsvermittelten Verbindungen nur teilweise in Anspruch genommen, weil alle Sprech- bzw. Datenübertragungspausen die

Leitungskapazität ungenutzt lassen. Speziell für den Datenverkehr zwischen Rechnern hat die Bundespost daher die sogenannte Paketvermittlung eingeführt, die den Teilnehmern nur einen »virtuellen« Kanal überläßt. Für den Benutzer entsteht der Eindruck einer durchgeschalteten Verbindung. Tatsächlich werden nur Pakete von Daten in das Netz eingeschleust und von der Post an den gewünschten Adressaten geliefert, ohne daß tatsächlich eine spezielle Leitungsschaltung zwischen den Beteiligten erfolgt. Jeder Teilnehmer muß seine Daten in Pakete definierter Größe zusammenfassen und jedem Paket die Adresse des gewünschten Empfängers voranstellen. Die Post kann dann über irgendwelche gerade freien Leitungskapazitäten das Paket an den Empfänger übertragen, so daß bei einer Gesamtübertragung mehrerer Pakete hintereinander durchaus für die einzelnen Daten-Pakete verschiedene Wege gewählt werden können. Dieser Dienst wird unter der Bezeichnung DATEX-P angeboten.

4.4 Übungen und Testaufgaben zum vierten Lehrabschnitt

1. Ist es möglich, die Geschäftskorrespondenz künftig auf rein maschinellem Wege, d. h. ohne Papier, zu erledigen?

2. Welche Vorteile hat ein Bestellabwicklungsverfahren mit Btx gegenüber der herkömmlichen Methode mit Telefon und Brief?

3. Inwieweit halten Sie die Computerspeicherung von Bildern für möglich, die mit Hilfe des Telefax-Systems übertragen wurden?

4. Wird die Übertragung von Informationen über Glasfaserkabel nur quantitative oder auch qualitative Unterschiede mit sich bringen?

Fünfter Lehrabschnitt:

5. More money makes late software later
WIE aus der Ist-Analyse eine Soll-Konzeption entwickelt wird

»Top down« oder »bottom up« Entwurf und »outside in« oder »inside out« Ansatz sind Schlagworte, die das weite Feld der Möglichkeiten bei der Vorbereitung und Entwicklung von Software skizzieren. So wie die genannten Begriffe diametrale Gegensätze benennen, so verschieden sind die tatsächlich beschrittenen Wege bei der Erarbeitung von Softwarelösungen. Gemeinsame Basis aller Überlegungen und auch allgemein anerkannt ist, daß zunächst immer in einer gründlichen Systemanalyse erarbeitet werden muß, welche Informationsflüsse und Verarbeitungsschritte in einem Unternehmen bzw. einer öffentlichen Verwaltung erfolgen. Aufbauend auf einer derartigen Ist-Analyse wird dann ein besseres Soll-Konzept entwickelt, das die Möglichkeiten der maschinellen Informationsweitergabe und -verarbeitung berücksichtigt. Dafür gibt es jedoch leider kein konstruktives Verfahren. Auch wenn man Techniken und Regeln erprobt hat, wie Ist-Analysen durchzuführen sind, und Verfahren entwickelt wurden, um die Soll-Konzeption zu beschreiben, bleibt doch der Übergangsschritt von der passiven Darlegung der bestehenden Situation zu einem neuen Ansatz mit neuer Infrastruktur für die Informationsverarbeitung eine Art schöpferischer Prozeß, der wesentlich von der Erfahrung und dem Können des Systemanalytikers bestimmt wird. Wahrscheinlich ist das gesamte Fachgebiet noch zu jung, um erwarten zu können, daß ausgefeilte Berechnungsmethoden für die Auslegung von Soll-Konzeptionen existieren. Schließlich hat man über viele tausend Jahre auch Brücken nur aufgrund der Erfahrungswerte der Brückenkonstrukteure errichtet – und sie hatten lange Bestand – bevor in unseren Tagen mit mathematischen Verfahren die Pfeilerstärken und Trägerweiten exakt ermittelt werden können.

5.1 Entwicklungsschritte für Anwendungssoftware

Der Weg von der Beobachtung eines Betriebsablaufs im Sinne einer Ist-Analyse bis hin zu einem voll ausgetesteten funktionsfähigen Programm ist nicht nur ein Prozeß über die Zeit hinweg, sondern auch eine Entwicklung über mehrere Personen bzw. Gruppen. Von neuen Anwendern wird immer wieder unterschätzt, wieviel Zeit die Erstellung einer ausgereiften Anwendungssoftware in Anspruch nimmt. Wahrscheinlich hängt dies mit dem transzendentalen Charakter der Software zusammen – was man nicht sieht, kann man auch nicht würdigen. Ein Grund für die Fehleinschätzung ist aber sicher auch, daß man sich nicht bewußt macht, wie der Erstellungsprozeß von der Ist-Beschreibung über einen Entwurf hin zur Programmentwicklung und schließlich zum Test geht und daß dabei jeweils detaillierte Erläuterungen und Erklärungen für das nachfolgende Team notwendig sind, da es sich bei jedem Projekt um einen Individualfall handelt, dessen Spezifika besonders beschrieben werden müssen.

Mit der Darstellung des Ist-Zustandes beginnen jedoch die Artikulationsprobleme, da es nicht sinnvoll möglich ist, einen ganzen Ist-Ablauf rein verbal darzulegen, nicht zuletzt deshalb, weil kein Leser den Gesamtzusammenhang geistig nachvollziehen und aufnehmen könnte. Es existiert außerdem auch kein abstraktes Beschreibungsverfahren, das in aller Kürze die wesentlichsten Zusammenhänge aufzeigen könnte. Ähnliches gilt dann für die Darstellung der Soll-Konzeption, die als Vorlage für den Programmentwickler dienen sollte, um ein strikt allen Anforderungen der Konzeption entsprechendes Programm zu schreiben.

Ansätze zur Unterstützung dieser Arbeitsschritte gibt es sehr viele; keiner hat sich jedoch wegen jeweils spezifischer Mängel wirklich durchsetzen können. Allein für die Vorgaben zur Programmierung haben sich weltweit zwei Methoden – Programmablaufplan mit Datenfluß und Struktogramm – durchgesetzt. Hier werden daher im weiteren Text außer diesen beiden Verfahren nur die allgemeinen Entwicklungsschritte aufgezeigt, die bei jeder Systementwicklung zu durchlaufen sind. Verfahrensempfehlungen können auch kaum gegeben werden, da es von der Aufgabenstellung und der Problemgröße abhängig ist, welche Methode die größte Unterstützung bieten kann.

5.1.1 Ist-Analyse

Der Ist-Zustand des Informationsflusses in einem Betrieb ist gekennzeichnet durch dessen Aufbau- und Ablauforganisation, die räumliche Anordnung sowie die Ausstattung mit Betriebsmitteln, die betroffenen Personen und deren individuelle Arbeitsweise. Daraus wird deutlich, daß für die analytische Untersuchung des Informationsflusses eine große Zahl von Fakten zu erheben sind und darüber hinaus auch psychologische Momente beobachtet werden müssen. Befindet man sich real in einem Projekt zur Ist-Beschreibung eines Ablaufs, so muß man bald feststellen, daß die propagierten Methoden – Interviewtechnik, Fragebogenaktion und Checkliste – bei weitem nicht die Hilfestellung bieten, die man erhofft.

Beim Interview wird wesentlich mehr Zeit benötigt, als man zunächst veranschlagt, da einerseits nicht immer sofort erkennbar ist, daß der Befragte auf einen Themenbereich abweicht, der für die eigentlich zu beobachtenden Zusammenhänge unbedeutend ist, andererseits aber auch häufig Dinge erfragt werden, die sich erst später als unwichtig herausstellen. Als sehr problematisch erweist sich außerdem, daß der Fragesteller als Experte dem Befragten häufig Dinge suggeriert bzw. Abläufe vermutet, da er sie so aus Erfahrung kennt, die im konkreten Fall aber nicht in der üblichen Form vorliegen.

Für die Fragebogentechnik erweist es sich als schwierig, die Fragestellungen so gut verständlich und doch so präzise zu formulieren, daß die Befragten darauf die entsprechenden Antworten liefern können. Man muß auch damit rechnen, daß Fragebögen häufig unter Zeitdruck und unbeobachtet ausgefüllt werden und damit die Richtigkeit der Antworten viel zu wünschen übrig läßt. Auch werden durch Fragebögen immer nur Zusammenhänge aufgedeckt, die vorher schon vermutet wurden, denn im Gegensatz zur spontanen Situation des Interviews kann der Fragebogenersteller nicht aus einer Antwort bereits eine neue Frage entwikkeln und einen Zusammenhang hinterleuchten.

Checklisten haben etwas von beiden vorgenannten Verfahren. Sie helfen dem Analytiker durch ihre strukturierte Form konsequent alle wesentlichen Dinge zu beobachten, zu erfragen und zu notieren und sind damit eine Art Fragebogen für das Interview. Sie schützen jedoch nicht davor, besonders ungewöhnliche Verfahrensabwicklungen einfach zu übersehen oder in unendlich lange dauernden Interviews steckenzubleiben.

5.1.2 Soll-Konzeption

Mit der Soll-Konzeption wird die Ausgestaltung des späteren Informationssystems festgelegt. Es gibt jedoch kein »Soll«, das einem Stand der Technik entspricht, und deshalb als anstrebenswert und gleichzeitig befriedigend anzusehen wäre. Jedes betriebliche Informationssystem ist durch die Besonderheiten der damit abgewickelten Aufgaben individuell und stellt besondere Anforderungen. Die technischen Möglichkeiten für maschinell gestützte Informationssysteme werden laufend weiterentwickelt, so daß in einem fast jährlichen Turnus neue Forderungen für ein »modernes« Informationssystem aufzustellen sind. Die Erfahrung des Systemanalytikers aus ähnlichen Projekten und seine Kenntnis der technischen Möglichkeiten bestimmt die Qualität des Soll-Vorschlages.

Es gibt einige Verfahren, die es dem Entwickler von Informationssystemen zumindest ermöglichen, ihre zunächst als Modelle zu bezeichnenden Vorschläge auf Funktionsfähigkeit zu überprüfen. Diese sogenannten Simulationsverfahren ermöglichen das Durchprobieren aller vorher beschriebenen Stellen und Informationsflüsse des Soll-Konzeptes. Der Aufwand zur Simulation des Soll-Entwurfs für ein größeres System ist durchaus beträchtlich. Er kann jedoch helfen, verhängnisvolle Fehler frühzeitig zu erkennen und stellt damit die Gesamtentwicklung auf eine wesentlich gesichertere Basis.

Sehr weit verbreitet ist das General Purpose Simulation System (GPSS), das seit gut 10 Jahren auf allen gängigen Großcomputern läuft. In letzter Zeit beweisen die sogenannten PETRI-Netze (von C. A. Petri) zunehmend ihre Überlegenheit. Sie erlauben nicht nur eine Modellierung und Simulation des untersuchten Systems, sondern bieten auch die Möglichkeit zur anschaulichen Darstellung des abgebildeten Informationsflusses. Dies ist insbesondere für die Diskussion und Abklärung zwischen den Mitarbeitern des Betriebes und den Systemanalytikern sehr hilfreich, da sich die Betriebspraktiker durch die graphische Darstellung von der Richtigkeit der Informationsflußabbildung überzeugen können.

Für die Ist-Analyse, Soll-Konzeptionsbeschreibung, PETRI-Netz-Darstellung und Simulation der Informationsflüsse eines Unternehmens mit ca. 500 Mitarbeitern im Verwaltungsbereich sind sicher 3 Mannjahre mit entsprechend hohen Kosten anzusetzen.

Es war jedoch der entscheidende Fehler vieler Softwarentwicklungen, daß sie anfänglich zu oberflächlich an die Analyse des Problems und die Entwicklung einer sauberen Programmvorgabe herangegangen sind. Dies rächt sich bitter, sobald die Vorgabe in ein ablauffähiges Programm umgesetzt werden soll. Der in der deutschen Sprache so treffend nicht darstellbare Titel dieses Kapitels zeigt das Dilemma dramatisch auf: More money makes late software later. Hat nämlich ein Softwareprojekt erst einen gewissen Entwicklungsstand erreicht, dann ist es fast nicht mehr möglich, durch mehr Leute, die natürlich mehr Geld kosten, den Prozeß zu beschleunigen, da nur noch die »Eingeweihten«, die von Anfang an dabei waren, die verschiedenen Probleme einigermaßen übersehen und damit dem Projekt zu einem funktionsfähigen Abschluß verhelfen können. Zusätzliche Mitarbeiter müßten erst wieder langwierig informiert werden und würden die Weiterentwicklung aufhalten.

Die Abbildung 8 zeigt die leidvolle Erfahrung aus vielen Softwareprojekten auf und fordert im Interesse einer preiswerten Gesamtlösung eine ausführliche und damit aufwendige Ist-Analyse, Soll-Konzeption und Programmvorgabe. Was bei der Grundkonzeption eines maschinell gestützten Informationssystems zu oberflächlich durchdacht oder gar falsch entschieden wurde, läßt sich in der Phase der Programmerstellung nur sehr schwer reparieren.

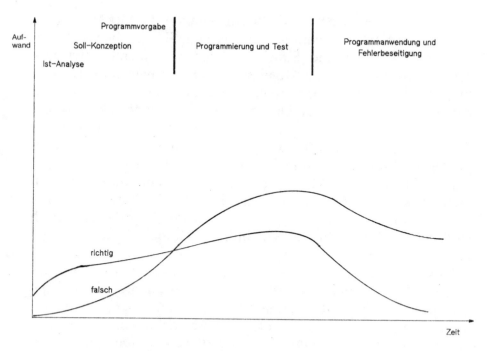

Abb. 8: Phasen der Softwareentwicklung

Fatal sind jedoch die langfristigen Folgen. Da schlecht konzipierte Ansätze auf Dauer einer verstärkten Pflege und Wartung bzw. auch Reparatur bedürfen, bleibt der mit ihnen verbundene Aufwand kontinuierlich sehr hoch. Nur bei ausgereiften Programmentwicklungsvorgaben erhält die Software einen so stabilen Zustand, daß sie später über einige Jahre problemlos eingesetzt werden kann.

5.1.3 Programmvorgabe

Eine Programmvorgabe muß für das Programmierteam eindeutig die Aufgaben beschreiben, die durch die Software unterstützt werden sollen, und wie dies zu geschehen hat. Eine gute Programmvorgabe nimmt den Programmierern die gesamte konzeptionelle Arbeit bezüglich der Anwendung ab und läßt sie sich auf die Umsetzung in ein gut strukturiertes, übersichtlich aufgebautes und bedienungsfreundliches Programm konzentrieren. Bei einer klassischen Aufteilung zwischen Systemanalytikern und Programmierern haben beide Personengruppen keine gemeinsamen Mitglieder. Da die Programmierer die systemanalytischen Überlegungen nicht mitvollzogen haben, muß die Vorgabe entsprechend eindeutig sein. Dies zwingt die Systemanalytiker zu sorgfältiger Konzeption und schriftlicher Ausarbeitung ihrer Entwicklungsvorschläge, da sie sonst später laufend von der Programmierergruppe mit Rückfragen gestört werden würden. Trotz der großen Vorteile die diese Vorgehensweise mit sich bringt, entwickelt sich ein Trend zum sogenannten Organisationsprogrammierer, der in einem chief-programmers-team arbeitet. Damit wird angestrebt, daß der Programmierer gleichzeitig auch in gewisser Weise Systemanalytiker ist und durch eine geschickte Gruppenbildung bei der Weiterentwicklung des Projektes immer neue Personen in die Entwicklungsmannschaft aufgenommen werden können, ohne daß der Bezug zu den Überlegungen, die in der hierarchisch und zeitlich davorliegenden Gruppe angestellt werden, verlorengeht.

Die Abbildung 9 skizziert die organisatorische Struktur solcher Entwicklungsteams. Insbesondere ist dabei zu beachten, daß wegen der enormen Wechselwirkung zwischen Anwendungsaufgabe, Soll-Konzeption und Programmausführung unbedingt ein gemischtes Team anzustreben ist, bei dem schon in der obersten Hierarchiestufe Vertreter von Systemanalyse, Programmentwicklung und insbesondere aus den Anwendungsabteilungen zusammenkommen.

Für die Programmvorgabe hat sich aus vielen verschiedenen Ansätzen das Konzept des Programmablaufplans mit Datenflußplan nach DIN 66001 weitestgehend durchgesetzt. Wie weiter unten noch gezeigt werden wird, gibt es eine andere Form der Darstellung, das sogenannte Struktogramm (auch Nassi-Shneidermann Diagramm genannt), die wesentliche Vorteile bietet und auf die sich bereits viele große Programmentwicklungsabteilungen umgestellt haben.

Der Programmablaufplan nach DIN erlaubt es, mit relativ wenigen Symbolen sehr einleuchtend den logischen Fortgang der Ent-

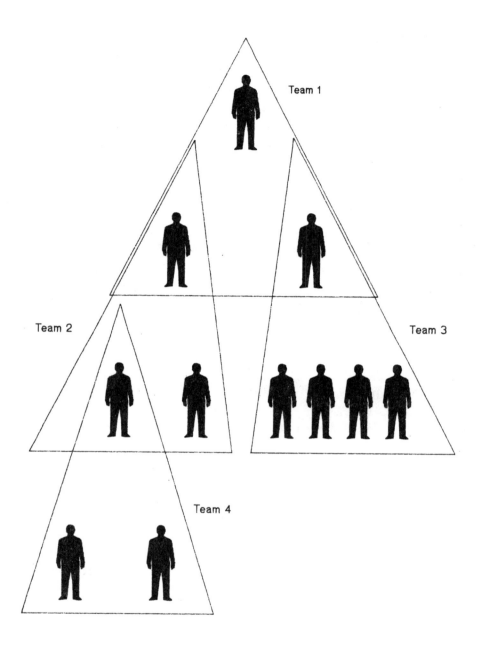

Abb. 9: Konzept des Chief-Programmers-Team

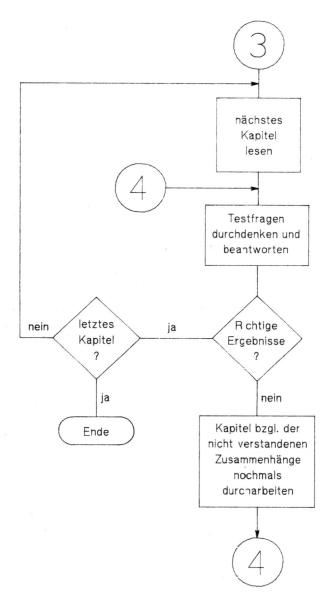

Abb. 10: Muster DIN-Ablaufplan

scheidungen und Verarbeitungen von Daten zu beschreiben. Parallel dazu wird für eine bessere Übersicht der Datenverknüpfungen ein Datenflußplan angelegt, der, ohne auf die Verarbeitung im einzelnen einzugehen, zeigt, welche Datenbestände miteinander in welchen Aufgabenbereichen kombiniert bzw. verarbeitet werden.

Die Abbildung 10 zeigt einen Ausschnitt aus einem Ablaufplan, der nicht nur für Programmvorgaben, sondern auch für Arbeitsabläufe benutzt werden kann. Für die spätere Programmentwicklung und als Dokumentationsmaterial zu einem Programm hat der Programmablaufplan jedoch gravierende Nachteile. Einerseits zwingt er den Plankonstrukteur in keiner Weise zu einer bestimmten Vorgehensweise. Die Verbindungen zwischen verschiedenen Abschnitten eines großen Ablaufplanes können über die kreisförmigen Marken (im Beispiel der Abb. 10 zufälligerweise die Nr. 3) frei hergestellt werden. Dies verführt zu der Benutzung mehrfacher Verbindungsmarken zwischen verschiedenen Programmabschnitten, die verstreut auf mehrere Seiten aufgezeichnet sind. Damit sind die Abläufe für einen späteren Beobachter kaum nachvollziehbar, da sich der menschliche Geist zu einem Zeitpunkt immer nur auf die Durchdringung eines Ablaufes konzentrieren kann. Auch wenn mit dem Werkzeug »DIN-Ablaufplan« gut strukturierte Programmvorgaben geschrieben werden könnten, so setzt sich jedoch das Werkzeug »Struktogramm« in zunehmendem Maße durch, da es durch seine Darstellungsmöglichkeiten zum Aufbau strukturierter Pläne zwingt.

Struktogramme (nach ihren Entwicklern auch als Nassi-Shneidermann Diagramme bezeichnet) kennen nur wenige Symbole und sind bezüglich der Anordnung dieser Symbole unter- bzw. nebeneinander sehr einschränkend. Damit wird eine Strukturierung des gesamten Ablaufes erzwungen. Auf einem Blatt Papier kann, da es keine Anknüpfungspunkte gibt, immer nur ein Abschnitt eines Programmablaufes dargestellt werden, der einen einzigen Eingang und nur einen einzigen Ausgang aufweist.

Die Abbildung 11 zeigt das Struktogramm des gleichen Ablaufs wie der DIN-Plan in Abb. 10. Der fundamentale Unterschied zwischen beiden Verfahren kann jedoch bei einem derartig kleinen Ausschnitt aus einem Verfahren noch kaum deutlich werden.

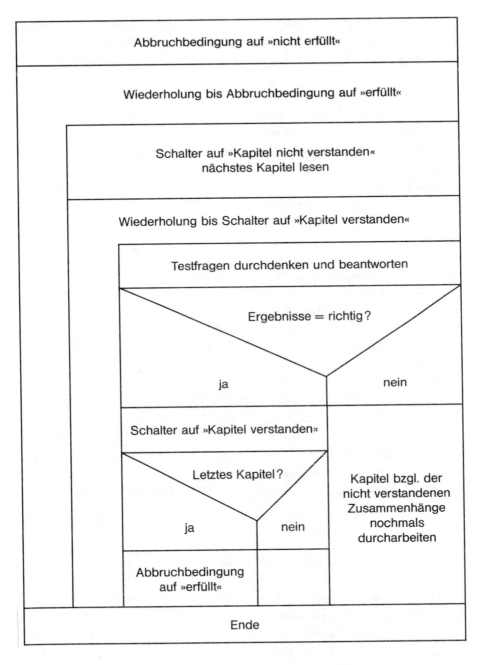

Abb. 11: Struktogramm

Die mit den Struktogrammen erzwungene Modularisierung der Programme ist sowohl für die Umsetzung in die Programmiersprache als auch insbesondere für die Testphase bei der Fehlersuche und für spätere Änderungen und Anpassungen des Programmes an neue Aufgabenstellungen sehr hilfreich. Entsprechend der in Abb. 8 gezeigten Kurve bedingt jedoch die Aufstellung von Struktogrammen zunächst eine intensivere Ausarbeitung der Problembeschreibung und verlangt damit mehr Zeit in den ersten Projektphasen.

Durch die heute weit verbreitete Möglichkeit, die Programmbefehle über einen Bildschirm in den Rechner einzugeben und entweder durch einen schnell übersetzenden Compiler oder sogar durch einen Interpreter, der jeden eingegebenen Befehl einzeln zur Ausführung bringt, sofort das jeweilige Ergebnis der Programmentwicklung ausprobieren zu können, verführt viele Programmentwickler dazu, diesen »direkten« Weg zu gehen. Der zunächst scheinbar offenkundige Zeitvorteil dieses Verfahrens wirkt sich erst im Laufe der weiteren Programmentwicklung und der nachfolgenden Wartungs- und Nutzungsphasen zu einem enormen Nachteil aus.

Da man aber bei der direkten Programmeingabe auch immer nur punktuell über die Lösung genau einer einzigen Befehlsfolge nachdenkt, fühlt sich der Programmentwickler dabei auch weniger gefordert, als wenn er zunächst auf dem Papier bei der Anlage eines Struktogrammes alle, auch parallel ablaufende, Alternativprozesse durchdenken muß. Es ist daher nur durch organisatorischen Zwang möglich, gut ausgearbeitete Programmvorgaben zu erhalten.

5.1.4 Programmierung und Test

Bei Vorlage eines gut beschriebenen Ablaufs kann die Programmierung mit einer höheren Sprache relativ schnell und einfach vonstatten gehen. Bis vor wenigen Jahren galt dabei die Devise, die Programme auch durch Anwendung von besonders ausgefeilten Tricks möglichst klein zu halten und gleichzeitig auf einen sehr schnellen Ablauf zu trimmen. Bei den damaligen Hauptspeichergrößen und vergleichsweise geringen Durchsatzleistungen der Rechner war diese Zielsetzung auch sehr wohl angebracht. Da sich heute das Kostenverhältnis für Programmentwicklung und Hardware jedoch im Gegensatz zu früher deutlich zu ungunsten der Programmentwicklung gedreht hat, muß die Priorität gezielt auf übersichtliche und leicht zu ändernde Programme gelegt werden. Tricks und Kniffe, die Speicherplatz einsparen und eventuell eine durchaus meßbare Beschleunigung des Programmablaufs erlauben, sind aber selbst für den Programmentwickler schon nach wenigen Monaten kaum mehr nachvollziehbar. Damit wird das Weiterentwickeln und die Anpassung von funktionsfähigen Programmen außerordentlich erschwert und häufig genug entschließt man sich dann, den zu ändernden Programmteil nochmals komplett neu anzulegen.

Auch im Bereich des Tests von Programmen kann unsaubere Arbeit zu enormen Problemen beim späteren Einsatz führen. Es ist ein offenes Geheimnis in der Datenverarbeitungsbranche, daß man die Fehlerfreiheit von Programmen nicht garantieren kann. Komplexe Programmpakete, die viele tausend Befehle umfassen, sind einfach nicht mehr in allen Details nachvollziehbar.

Dies gilt auch für Betriebssysteme und es kann durchaus zu einem Rechnerstillstand kommen, wenn durch eine besondere Konstellation der Anwendungsprogramme ein noch nicht erkannter Fehler im Betriebssystem zum Tragen kommt. Hier wird deshalb eine Maßzahl aussagekräftig, die zunächst im Bereich der Hardware verwandt wurde. Sie weist die durchschnittliche Zeitspanne zwischen dem Auftreten von zwei Fehlern aus. Die MTBF (mean time between failure) kann als Maßzahl für die Hardwarestruktur alleine, die Hardware mit Betriebssystem oder ein Anwendungsprogrammpaket auf einer bestimmten Hardware unter Kontrolle eines bestimmten Betriebssystems benutzt werden.

Für Flugbuchungssysteme, die von weltweit operierenden Fluggesellschaften zur Verwaltung aller Sitzplätze eingesetzt werden, ist diese Maßzahl von außerordentlicher Wichtigkeit, da durch die verschiedenen Zeitzonen tatsächlich rund um die Uhr Fluggäste buchen. Unterbrechungen in der Verarbeitung haben hier unmittelbare Umsatzausfälle zur Folge, da die Kundschaft zu anderen Fluglinien abwandert. Aber auch für weniger kritische Anwendungsfälle ist es wichtig, daß die Informationsverarbeitungssysteme zumindest während der normalen Arbeitszeiten stabil laufen. Ein Supermarkt, dessen Kassensystem nicht mehr arbeitet, kann nicht weiterverkaufen. Eine Bankfiliale, die keinen Zugriff auf die zentral geführten Kundenkonten hat, sollte keine größeren Beträge mehr auszahlen. Ein Produktionsbetrieb, der keine Arbeitspläne, Bestellungen und Entnahmescheine mehr ausdrucken kann, wird nach kurzer Zeit zum Produktionsstillstand kommen.

5.2 Grundprinzipien für den Einsatz der maschinellen Informationsverarbeitung

Leider gibt es keine allgemein akzeptierten und praktizierten Grundsätze ordnungsmäßiger Daten- und Informationsverarbeitung, wie es z. B. für die Aufzeichnung der Geschäftsvorgänge Grundsätze ordnungsmäßiger Buchführung gibt. Dafür hat die Buchführung der Datenverarbeitung auch einige hundert Jahre Geschichte voraus, denn seit Luca Pacioli (1494) wird die doppelte Buchführung nach den gleichen Regeln praktiziert. Durch verschiedene gesetzliche (Handelsgesetz, Einkommensteuergesetz) und verfahrensorientierte Richtlinien zur Einkommensteuer gibt es für jeden Fachkenner eindeutige Verfahrensweisen, die im buchhalterischen Bereich zu praktizieren sind. Der laufende Wandel in der Informationsverarbeitung hat aber einen vergleichbar gesicherten Erkenntnisstand verhindert.

Wie bereits beschrieben, versucht man die insbesondere im organisatorischen und systemanalytischen Bereich erkannten Mängel durch laufend neu vorgeschlagene Verfahren und Konzepte zu beheben. Die Entwicklung ist hier noch in keiner Weise abgeschlossen. Trotzdem sollen einige Grundüberlegungen aufgezeigt werden, deren Beachtung sicher einer guten Lösung für ein Informationsverarbeitungsproblem sehr zuträglich ist, auch wenn keine konkreten Regeln oder Anleitungen zum Vorgehen geliefert werden können.

5.2.1 Integrationsprinzip

Eine Zahl oder Adresse, die bereits im Kopf eines Geschäftsmannes gespeichert ist, kann durch noch so schöne Reproduktion auf einem Bildschirm dem betreffenden Benutzer keinen großen Informationswert mehr liefern. Um daher für die Arbeit wirklich unterstützend zu wirken, muß die Informationsverarbeitungsmaschine sehr große Datenmengen aktuell für den einzelnen Abruf bereithalten oder in der Lage sein, diese Daten im Stapel rasch zu verarbeiten. Die Sammlung, Speicherung und Aktualisierung von Informationen ist sehr aufwendig und teuer. Noch immer müssen Daten zunächst manuell in ein Informationssystem über Tastaturen eingegeben werden. Schon aus Kostengründen ist daher eine Mehrfacherfassung zu vermeiden. Um für alle Benutzer gleich aktuelle Daten zur Verfügung zu halten, verbietet sich die mehrfache Speicherung ein und derselben Information, da dies nur dazu führen würde, daß die Duplikate weniger schnell aktualisiert würden als das Original.

Diese beiden Gesichtspunkte bildeten schon seit den Anfängen der maschinellen Datenverarbeitung die Basis für das Integrationsprinzip. Bei zunehmender Leistungsfähigkeit der Datenverarbeitung und damit der Einbeziehung mehrerer Geschäftsbereiche, Funktionen und Aufgaben eines Unternehmens in die maschinelle Abwicklung haben sich die Integrationsanforderungen noch weiter verstärkt, da dem Sachbearbeiter und Manager nur dann eine Unterstützung im Sinne einer Verbesserung der Informationsbasis geliefert werden kann, wenn ihm – bezogen auf seine Aufgabenstellung – ein möglichst umfassendes Informationsbild der Unternehmung geliefert wird. Das heißt, für den Sachbearbeiter sind Detailinformationen über den gerade bearbeiteten oder ähnlich gelagerte Fälle aufzuzeigen und für den Organisator oder Manager muß eine Aggregation im Sinne einer statistischen Übersicht oder einer Trendentwicklung über eine Vielzahl von einzelnen Fällen geliefert werden. Ein Computer kann diese Anforderungen jedoch nur dann erfüllen, wenn ihm die entsprechenden Informationen dadurch zugänglich sind, daß möglichst alle Geschäftsbereiche eines Unternehmens ihre Daten ebenfalls eingeben und damit maschinell verarbeiten. Die Einrichtung eines Informationsverarbeitungssystems darf keinesfalls als Informationssammelstelle für spezielle Auswertungen verstanden werden, sondern muß zunächst eine Unterstützungsfunktion für die täglichen Aufgaben eines Betriebes haben, um aus den dabei durchlaufenden Daten auch spezielle Informationswünsche befriedigen zu können.

Der mögliche Rationalisierungsvorteil durch Benutzung eines Computers, selbst in einem kleinen Unternehmen, wird folglich nur dann erzielt, wenn die logisch zueinander gehörenden Funktionen auch tatsächlich alle maschinell unterstützt abgewickelt werden, so daß die bei der Auftragsannahme einmal abgespeicherten Kunden und auftragsspezifischen Informationen (wie Artikelnummern, Stückzahlen, Liefertermine, Rabattsätze) sowohl für die Produktion bzw. Materialbewirtschaftung, für die Auslieferung, für die Lieferscheinschreibung und Fakturierung als auch schließlich für die Finanzbuchhaltung verwendet werden können. Allein die Auftragsbearbeitung maschinell zu unterstützen oder die Rechnungsstellung ist genauso sinnlos wie ein automatisiertes Mahnwesen ohne integrierte Verknüpfung zur Finanzbuchhaltung. Aus der Sicht des einzelnen Sachbearbeiters, der nur sein Funktionsspektrum maschinell bearbeitet haben will, ist dies häufig schwer einzusehen. Trotzdem bleibt die Integrationsforderung fundamental und darf überhaupt nur zugunsten einer geordneten, zeitlich hintereinander abzuwickelnden Einführung der Datenverarbeitung in ein Unternehmen für eine gewisse Übergangszeit vernachlässigt werden.

5.2.2 Vollständigkeitsprinzip

Mit der Integration ist die Vollständigkeit aller Unternehmensfunktionen bereits angesprochen worden. Beide Prinzipien sind auch sehr miteinander verquickt und ergänzen sich. Während die

Integration besonders darauf abhebt, daß nicht verschiedene Funktionen eines Unternehmens nebeneinander her maschinell unterstützt werden, wie das z. B. bei einem verbreiteten Einsatz von Personalcomputern in einem Unternehmen geschehen kann, wenn diese nicht miteinander oder über eine große zentrale Datenverarbeitung verbunden werden. Das Vollständigkeitsprinzip hebt darauf ab, daß wirklich alle Bereiche eines Unternehmens, deren Informationsverarbeitung maschinell unterstützbar ist, auch tatsächlich in das Gesamtkonzept einbezogen werden.

Fraglos wird die Nutzung informationsverarbeitender Systeme durch diese Forderung komplexer. Es ist anstrengender, darüber nachzudenken, wie die Gesamtstruktur der Informationsverarbeitung in einem Unternehmen aussehen kann und wie sich die einzelnen Bereiche gegenseitig unterstützen bzw. inwieweit sie voneinander abhängen, als nur isoliert für eine Aufgabe einen Vorschlag für eine maschinelle Unterstützung zu entwickeln. Andererseits wird mit dem Vollständigkeitsprinzip ein fundamentales Element für eine gute Informationsverarbeitung geliefert. Selbst die numerisch gesteuerte Werkzeugmaschine, die in der konzeptionellen Sicht einer Unternehmung ganz weit unten am tatsächlichen Ort des Geschehens steht, braucht die Stückzahl aus einem Kundenauftrag, der in Verbindung mit vielen anderen Teilen die Fertigung auf dieser beobachteten Maschine auslöst. Es ist einfach aufwendiger und fehleranfälliger, diese Stückzahl nochmals extra zu erfassen, weil nicht alle Aufgabenbereiche von der Auftragsbearbeitung bis zur Fertigungseinplanung auf den einzelnen Aggregaten zu dem maschinell gestützten Gesamtkonzept gehören. In vielen Unternehmen wird heute intensiv daran entwickelt, auch die Konstruktionsabteilung mit in das Informationsgesamtmodell einzubeziehen, da dann beispielsweise die dort festgelegten Stücklistendaten später für Materialbewirtschaftsrechnungen benutzt werden können. Umgekehrt würden die Konstrukteure aufgrund der Einsicht in die Lagerbestände an verschiedenen Teilen vielleicht schon in der Entwicklungsphase eines Produktes die Teilevielfalt im Unternehmen in Grenzen halten.

5.2.3 Anpassungsprinzip

»Die Maschine soll sich an den Menschen anpassen und nicht umgekehrt« ist ein häufig gehörtes Postulat, was insbesondere in Verbindung mit Humanisierungsbestrebungen in der Arbeitswelt vorgebracht wird. Diese im Prinzip sicher richtige Forderung wird jedoch im Bereich der Datenverarbeitungsorganisation häufig falsch interpretiert.

Es kann keinen Zweifel geben, daß ausgehend von der Aufbereitungstechnik für Informationen auf Bildschirmen in möglichst unbeschwert zu lesender Form, über die Anordnung der Tasten auf den Tastaturen, bis hin zur Geräuschentwicklung von Druckern alles getan werden soll, um die Maschinen an die physiologischen Gegebenheiten des Menschen anzupassen. Dies gilt insbesondere auch für die Art und Weise der Auswertung und Darstellung von Informationen. Es ist doch nicht nötig, daß man sich vor dem Bildschirm sitzend hintersinnen muß, wie nun eine weitere Anfrage gestaltet werden kann. Gerade in den letzten Jahren haben hier die Hersteller von kleineren Computersystemen richtungsweisend Schritte unternommen, die mittlerweile auch auf die Benutzerfreundlichkeit großer Systeme durchschlagen.

Falsch verstanden wäre jedoch das obige Postulat, wenn man es dahingehend interpretiert, daß die einmal in einem Unternehmen häufig ungeplant entstandenen Organisationsstrukturen, die dann vermeintlich, da sie schon vor der informationsverarbeitenden Maschine da waren, als »menschliche Organisation« bezeichnet werden, auch nach der Einführung eines Computersystems beibehalten werden sollen. Der Rechner hat dann möglichst genau die bisher manuell ausgeführten Arbeitsschritte zu übernehmen bzw. zu unterstützen. Kein Organisationsablauf ist frei von den Organisationssachmitteln, die für seine Abwicklung benutzt werden. Soll ein Bleistift mit einem Bleistiftspitzer gespitzt werden, so ist es durchaus menschlich und sinnvoll, den Bleistift in die dafür vorgesehene Öffnung einzuführen und solange zu drehen, bis die gewünschte Minenform erreicht ist. Steht jedoch als Sachmittel nur ein Messer zur Verfügung, so ist es genauso menschlich, dieses Messer in schnitzender Form vom Schaft zur Spitze des Bleistiftes zu führen und diesen dabei zu drehen. Hat man kein spezielles Hilfsmittel, so muß der Bleistift schließlich auf einem Stein solange gerieben und geschliffen werden, bis er eine wiederbenutzbare Form erreicht hat. Alle drei Vorgänge sind dem Menschen durchaus adäquat.

Es ist keine besonders humane Tätigkeit, Karteikarten aus einer Hängeregistratur zu ziehen und es ist deswegen auch keinesfalls eine unangemessene Forderung an einen Sachbearbeiter in einem Einwohnermeldeamt, nach Einführung der Datenverarbeitung seine Such- und Informationswünsche mit einer Bildschirmtastatur einzugeben. Leider wurde jedoch – wie auch hier bereits gezeigt – in den vergangenen Jahren häufig bei der konzeptionellen Entwicklung von Anwendungen der Informationsverarbeitungstechnik gesündigt. Wenn einem Mitarbeiter mit der Einführung der Datenverarbeitung Zusatzarbeit zugemutet wird, weil man für bestimmte Funktionen nach wie vor die manuell geführten Unterlagen braucht, so ist das schlichtweg eine unsinnige Vorgehensweise. Die Mitarbeiter werden demotiviert und von vornherein gegenüber dem neuen »Hilfs«-mittel skeptisch. Genauso ist es absolut falsch, wenn halbausgereifte DV-Lösungen in einem Betrieb Verwendung finden, so daß Mitarbeiter nachher Fehler suchen müssen und dadurch Zusatzbelastungen übernehmen. Außerdem schwindet auch gerade beim Aufdecken von Fehlern das Vertrauen in die Datenverarbeitungstechnologie.

Es muß immer ausgehend von der Aufgabenstellung, die maschinell zu unterstützen ist, ein organisatorischer Ablauf gefunden werden, der aus Sicht der Aufgabenlösung mindestens genauso gut ist wie das vorherige Konzept und dabei gleichzeitig unter Berücksichtigung der Möglichkeiten der maschinellen Informationsverarbeitung dem Mitarbeiter hilft. Im Sinne der Integration und Vollständigkeit muß die Einbindung in andere Abläufe mitberücksichtigt werden. Nur so kann die bisherige Zergliederung organischer Arbeitsaufgaben zu kleinen Ablaufschritten aufgehalten und in eine objektorientierte Organisation umgewandelt werden. Erst ein solcher Schritt verschafft dem Mitarbeiter eine bessere Arbeitssituation, in der er vollständige Aufgaben umfassend bearbeitet und damit einen persönlichen Bezug zu seiner Tätigkeit findet; gleichzeitig wird die Fallzahl reduziert. Dies bringt in aller Regel auch für den Vorgang respektive den Kunden bzw. Antragsteller Vorteile, da die Bearbeitungsdauer eines Ablaufes deutlich reduziert wird.

5.2.4 Phasenkonzept

Trotz der phantastischen Leistungsfähigkeit des menschlichen Gehirns ist es nicht in der Lage, gleichzeitig mehr als einen Vorgang bewußt zu beobachten und wahrzunehmen. Autofahren lernt man nur dadurch, daß die vielen visuellen, akustischen und sensomotorischen Reize, die auftreten und auch vom Menschen durchaus registriert werden, in unbewußt ablaufende Reaktionsschemata eingeübt werden. Die Entwicklung und Planung von Informationsverarbeitungssystemen stellt in jeder betrieblichen Umgebung neue Anforderungen und kann daher nicht in einem hohen Maß eingeübt und automatisiert ablaufen. Der Systemanalytiker muß sich mit allen Einzelschritten erneut vertraut machen und diese in ihren eigenen Abläufen und auch in bezug auf andere Abläufe überprüfen. Dies genau kann er aber nicht parallel und gleichzeitig.

Es hat sich daher als sinnvoll erwiesen, den Gesamtaufgabenkomplex in Phasen einzuteilen. Damit ist jedoch nicht gemeint, die einzelnen Aufgaben, die maschinell unterstützt werden sollen (wie z. B. Materialbewirtschaftung, Auftragsbearbeitung, Mahnung etc.) als Phasen zu betrachten, sondern die gesamte systemanalytische Aufgabe muß in eine hierarchische Struktur gebracht und in voneinander abhängige Phasen eingeteilt werden.

Zunächst ist dann eine Beschreibung der gesamten Informationsverarbeitung, wie sie momentan existiert, mit einem Entwurf für eine Sollkonzeption, d. h. wie das Informationshandling künftig ablaufen soll, anzufertigen. Diese erste Phase ist Grundlage und Ausgangspunkt für alle weiteren Schritte, denn nur so kann die Forderung nach einer Integration der Informationsverarbeitung aller betrieblichen Bereiche erfüllt werden.

Nach dieser ersten Gesamtübersicht folgt in einer zweiten Phase die feinere Konzeption, die bereits detaillierter auf die einzelnen

Aufgaben und ihre speziellen Ausprägungen eingeht, dabei jedoch auch aufgrund der bereits erstellten Gesamtbeschreibung nicht die Verbindung zu den anderen Aufgaben außer Acht läßt. Im Grunde kann erst nach einer solchen Feinstudie, die jedoch bereits ziemlich viel Zeit auf Seiten des Systemanalytikers und auch auf Seiten derjenigen beansprucht, die bisher im Betrieb Träger der Informationsverarbeitung waren bzw. die Besonderheiten eben des betrachteten Betriebes schildern können, eine einigermaßen realistische Zeitbedarfs- und Kostenschätzung angestellt werden. Hiermit müßte einsichtig werden, daß die verbreitete Unsitte, nach einem kurzen Gespräch über die Aufgabenstrukturen eines Betriebes bereits ein Hard- und Softwareangebot mit detaillierten Preisen abzugeben, im Sinne einer guten Lösung schädlich sein muß. Das Angebot wird selbstverständlich knapp kalkuliert, da man mit Konkurrenzangeboten rechnet. Für eine gründliche Betrachtung des Gesamtproblems bleibt dann keine Zeit, die Gesamtlösung ist nicht auf die betriebsspezifischen Besonderheiten zugeschnitten und damit kann eine solche vermeintlich preisgünstige Lösung, da sie nicht alle realisierbaren Kosteneinsparungen tatsächlich mit sich bringt, insgesamt zu teuer sein.

Auf das erste Feinkonzept mit einer Kosten- und Entwicklungszeitübersicht folgt dann die detaillierte Ausarbeitung der Abläufe für die verschiedenen Aufgabenbereiche. Dazu gehört auch jeweils die Überprüfung, inwieweit bereits beim Hersteller der Hardware oder bei einem Anbieter von Programmen existente Lösungen übernommen werden können oder welche Programmierungsarbeiten zusätzlich notwendig werden. Dafür müßten dann auch die Programmierungsvorgaben erstellt werden.

Es gibt ein weiteres Problem bei der Einführung einer automatisierten Informationsverarbeitung, das nur durch die Einteilung in Phasen sinnvoll überwunden werden kann. Es handelt sich dabei um den eigentlichen Einführungs- und Realisationsprozeß. Da man in der Regel davon ausgehen kann, daß die Informationsverarbeitung in einen lebendigen, arbeitenden Betrieb eingeführt wird, besteht weder für die Installation noch für die Schulung und Eingewöhnung der Mitarbeiter die Möglichkeit, den Betriebsablauf zu unterbrechen und erst nach Überprüfung der Funktionsfähigkeit des neuen Informationssystems wieder anlaufen zu lassen. Man muß folglich einzelne Teilabschnitte definieren, die im Sinne eines Phasenkonzeptes hintereinander realisiert werden, damit sich die Personengruppe, die die Umstellung organisatorisch durchführt, jeweils auf die einzelnen Teilbereiche einstellen und die notwendige Unterstützung liefern kann. Diese sinnvolle Phasenorientierung der Einführung wird leider öfters dazu mißbraucht, auch die systemanalytische Konzeption der Informationsverarbeitung in einem Unternehmen in diese Realisationsphasen mit einzubeziehen. Es ist aber nicht sinnvoll möglich, die betrieblichen Funktionsbereiche auch konzeptionell hintereinander zu untersuchen und jeweils umzustellen, bevor man den nächsten Aufgabenbereich analysiert, da dann die wechselweise Abhängigkeit der einzelnen Aufgabenbereiche voneinander häufig zu spät erkannt wird und insgesamt schlechte Lösungen entstehen.

5.2.5 Wirtschaftlichkeitsprinzip

Obwohl die Wirtschaftlichkeit eine Grundvoraussetzung für den Einsatz von Datenverarbeitungssystemen ist, wurde dieser Abschnitt mit Absicht in diesem Kapitel an die letzte Stelle plaziert. Damit soll noch einmal zum Ausdruck gebracht werden, daß über den Umfang, die Art und die Frage des »ob überhaupt« eines Datenverarbeitungseinsatzes erst nach gründlicher Systemanalyse unter Beachtung aller oben genannten Konzepte und Prinzipien entschieden werden kann. Die maschinelle Informationsverarbeitung ist kein einzelnes, isoliert zu betrachtendes Investitionsobjekt, das punktuell einen Arbeitsplatz unterstützt, sondern es ist eine Einrichtung zur Automatisierung und Verbesserung des Informationsflusses, der das ganze Unternehmen umfaßt.

Auch nach gründlicher Vorbereitung und Prüfung bleibt die Wirtschaftlichkeitsrechnung für den Computereinsatz schwierig. Den relativ deutlich übersehbaren Kosten, die im wesentlichen aus der Miete (bzw. den Finanzierungskosten) für die Anlagen selbst und die dazugehörige Software sowie aus den durch die organisatorische Umstellung entstehenden Personalkosten bestehen, sind

Einsparungen entgegenzurechnen, die sich teilweise nur schwer erfassen lassen.

Die häufig für die Beurteilung von Investitionsprojekten gebrauchte Amortisationsrechnung kann natürlich auch hier helfen. Man setzt den laufenden Kosten für das Investitionsprojekt die sonst entstehenden Kosten für Mitarbeiter entgegen, die man durch die Investition einzusparen glaubt. Wenn es diese Personalkosteneinsparungen ermöglichen, die Investitionsprojektkosten innerhalb von wenigen Jahren zurückzugewinnen, wird die Investition als vorteilhaft betrachtet. Dies ist jedoch eine etwas einseitige Betrachtung und hilft gerade bei der Informationsverarbeitung nur in wenigen Fällen. Die Systeme zur integrierten Verarbeitung von Daten, Texten und Bildern in Unternehmen sind nicht mehr wie früher darauf angelegt, einfache Massenarbeiten, die manuell zu erledigen waren, dann automatisch abzuwickeln und dadurch zu einer unmittelbaren Personaleinsparung zu führen. Sie sind vielmehr unterstützende Elemente im betrieblichen Ablauf und helfen, den Durchsatz in den einzelnen Leistungsbereichen zu erhöhen und die Qualität der Leistungen zu verbessern. Damit ist ihre Wirkung immer nur sehr schwer meßbar. Kann ein Verkaufsleiter durch bessere Beobachtung der Auftragseingänge frühzeitig Erkenntnisse über die besten Routen für seine Reisenden ableiten, so ist das ein Effekt, der sich nicht unmittelbar in eingesparte DM umrechnen läßt. Genauso kann die erhöhte Zufriedenheit der Kunden durch verbesserte Einhaltung der Liefertermine nicht in präzise Umsatzzuwächse umgerechnet werden. Die Kostenersparnis aufgrund einer Verminderung des gebundenen Kapitals im Lager läßt sich wieder relativ gut ermitteln, wenn erst der Umfang der Lagerbestandsreduktion bei gleicher Lieferbereitschaft bekannt ist.

Für eine Witschaftlichkeitsanalyse kann folglich nur ein mehrschichtiges Verfahren Anwendung finden. Zunächst werden alle durch Geräte- und Softwarekauf bzw. -Miete entstehenden Kosten zusammengestellt. Mit diesen können solche erwarteten Einsparungen verrechnet werden, die sich eindeutig als Kostenminderungen durch verbesserte Verfahrensabwicklung oder durch verkürzte Inanspruchnahme von Personal ergeben. Dabei ist, wie bei den auch weiter folgenden Schritten, die Verteilung der Einnahmen und Ausgaben über die Zeit zu beachten und alle Beträge zu den verschiedenen Zahlungszeitpunkten sind durch Abdiskontieren auf einen Vergleichszeitpunkt zu vereinheitlichen.

Bei dieser Rechnung wird wahrscheinlich noch ein Überhang der Kosten über die Einsparungen festgestellt. Dies darf jedoch nicht entmutigen, da die eigentlichen wesentlichen Nutzeffekte der maschinellen Informationsverarbeitung in diesem Schritt nicht quantifiziert wurden. Wegen der oben beschriebenen Schwierigkeiten können jedoch dafür nur überschlägige Abschätzungen unter Rückfrage bei den zuständigen Abteilungen in die Rechnung aufgenommen werden. Dabei wird sich herausstellen, daß um so größere Kosteneinsparungen prognostiziert werden können, je mehr Integrationsmöglichkeiten von einem derartigen System genutzt werden. Auch aus diesem Grund ist es folglich grundverkehrt, die Planung und damit die Systemanalyse bezüglich des Einsatzes eines maschinellen Informationssystems zu früh abzubrechen bzw. von vornherein zu klein anzulegen, da man bei punktueller Prüfung des Datenverarbeitungseinsatzes in nur einem Aufgabengebiet in der Regel gar nicht die Chance hat, eine wirtschaftliche Lösung zu bekommen. Der Hauptnutzen der maschinellen Informationsverarbeitung liegt eben genau in der Möglichkeit, einmal erfaßte Daten mehrfach zu verwenden und diese schnell allen Beteiligten zur Verfügung zu stellen.

5.3 Übungen und Testaufgaben zum fünften Lehrabschnitt

1. Begründen Sie die These, daß beim Entwurf eines maschinell gestützten Informationssystems nicht davon ausgegangen werden soll, daß die bisherige Betriebsorganisation möglichst unverändert bleibt.

2. Worin liegen die Unterschiede zwischen Integrationsprinzip und Vollständigkeitsprinzip?

3. Warum kann ein Konzept für die Informationsverarbeitung in einem Betrieb nur von einem Systemanalytiker durchgeführt werden, der in der betreffenden Branche bereits Erfahrungen aufweist?

4. Versuchen Sie die Phasen eines Projektes zur Einführung der maschinellen Informationsverarbeitung in Ihrem Unternehmen abzugrenzen.
   1. Phase _____
   2. Phase _____
   3. Phase _____
   4. Phase _____
   5. Phase _____
   6. Phase _____

5. Welche langfristigen Vorteile bietet die Programmvorgabe mit Struktogrammen gegenüber nicht strukturierenden Beschreibungsverfahren?

Sechster Lehrabschnitt

6. Drum prüfe, wer sich ewig bindet ...
WIE kann man Hardware und Software auswählen

Dies ist das schwierigste Kapitel in diesem Buch. In allen anderen Abschnitten werden entweder elektrotechnisch-physikalische Funktionszusammenhänge aufgezeigt, mathematisch-logistische Prinzipien dargelegt oder Ablauforganisationsschemata für bekannte betriebswirtschaftliche Anforderungen beschrieben; hier sollen Hinweise für einen Prozeß gegeben werden, der heute noch in den meisten Fällen irrational abgewickelt wird und bei dem Dinge wie Image, Verkäufertalent und situatives Glück die größte Rolle spielen.

6.1 Markentreue – Markenabhängigkeit

Um zu verstehen, welch entscheidender Schritt bei der Wahl des Hardware- bzw. Softwarelieferanten vollzogen wird, muß man sich darüber im klaren werden, daß beim Wechsel von einem seit einigen Jahren benutzten Datenverarbeitungssystem auf das eines anderen Herstellers mehr als nur die Ressentiments zu überwinden sind, wie sie sich für einen eingefleischten BMW-Fahrer ergeben, wenn er künftig einen Opel chauffieren soll.

Mit der Nutzung einer Computereinrichtung ist in aller Regel verbunden, daß im Laufe der Zeit individuelle Programme entstehen, die extra für das eigene Unternehmen entwickelt wurden. Parallel dazu läuft die Anpassung von Standardprogrammpaketen an die detaillierten Anforderungen des Unternehmens. Diese Programme können in aller Regel nach dem Wechsel auf einen neuen Computer nicht mehr benutzt werden oder müßten mit großem Aufwand umgestellt werden. Auch die Bedienung des

Rechners und der Umgang mit dessen Betriebssystem ist mit einiger Erfahrung leichter und deshalb würde der gesamte Vorteil, der sich durch eine mit einem Computersystem vertraute Bedienungsmannschaft ergibt, beim Übergang zu einem anderen Hersteller verlorengehen. Dazu kommt, daß selbst die Datenbestände nicht ohne weiteres vom einen auf einen anderen Rechner übertragen werden können.

Der Wechsel zwischen verschiedenen Computern soll hier nicht als Unmöglichkeit ausgewiesen werden. Schließlich muß man in einem fünfjährigen Zyklus auch beim bisherigen Hersteller der Anlage mit neuen Modellen und damit einem gewissen Wechsel rechnen. Die Neuinstallation eines Nachfolgemodells wird jedoch in aller Regel durch den Lieferanten sehr gut vorbereitet, da er ja nicht bei einer derartigen Umstellung Gefahr laufen will, daß wegen des sowieso entstehenden großen Aufwands auch gleich ein Wechsel zu einem anderen Hersteller erfolgt. Die zu beobachtende Markentreue, oder besser gesagt Markenabhängigkeit, ist aus den besagten Gründen in der Computerbranche sehr hoch.

Bezüglich der ersten Auswahl eines Computerherstellers, – so lange man noch in der glücklichen Entscheidungsfreiheit ist – fällt es einem Verfechter einer polypolistischen Marktstruktur besonders schwer, eine Empfehlung zu geben, da zu befürchten steht, daß sich mittel- und längerfristig nur die wenigen großen Datenverarbeitungs-Hersteller am Markt behaupten können. Es ist deshalb trotz vielleicht interessanter günstiger Angebote von kleinen Herstellern sicherer, von vornherein mit einem großen DV-Anbieter zusammenzuarbeiten. Insbesondere der Markt für kleine Maschinen, d. h. Personalcomputer, ist außerordentlich undurchsichtig, da die Geräte erst seit wenigen Jahren etabliert sind und sich deshalb noch in einem sehr schnellen Entwicklungsstadium befinden, so daß nur erfolgreiche Anbieter das Entwicklungstempo mithalten können. Ganz deutlich zeichnet sich jedoch ab, daß es fast einer Fehlinvestition gleichkommt, wenn man im Bereich der Personalcomputer Geräte erwirbt, die nicht eines der weltweit etablierten Standardbetriebssysteme benutzen.

Für die ganz kleinen (sog. 8-Bit-Rechner) gilt als Standardbetriebssystem CP/M, für die etwas größeren (16-Bit-Rechner) Computer hat sich das Betriebssystem PC/DOS bzw. MS/DOS absolut durchgesetzt. Für die größten Maschinen unter den Arbeitsplatzrechnern (32-Bit-Rechner) gibt es eine Fülle von Varianten des Betriebssystems UNIX, wobei man davon ausgehen darf, daß ein Programm für spezielle Anwendungen, das unter einer UNIX-Version ablauffähig ist auch für eine andere Version dieses Betriebssystems relativ schnell umgestellt werden kann.

Für die großen Rechnerfamilien, die sog. General-Purpose-Computer, gibt es bei jedem Hersteller mindestens ein Betriebssystem, das speziell auf die Hardware abgestimmt ist. Der Wechsel von einem solchen Hersteller zu einem anderen macht daher nicht nur die alte Hardware wertlos, sondern kann aufwendige Programmentwicklungen, die außerdem mit dem betrieblichen Ablauf sehr eng verwoben sind, zunichte machen.

6.2 Entscheidungsprozeß

Die Entscheidung einer sog. Erstinstallation ist deshalb aus den vorgelegten Angeboten nicht ohne weiteres richtig zu fällen, da in aller Regel viel zu wenig Vorbereitung für die Aufstellung einer Ausschreibung und für die Anfertigung der Angebote aufgewandt wird. Notwendig wäre eine genaue Ist-Analyse und Soll-Konzeptionserarbeitung (vgl. 5.1), um dann die Größe der Computer und die Ausstattung der Programme festlegen zu können. Erst darauf ist es sinnvoll möglich, ein entsprechendes Angebot aufzubauen. Da aber, wie oben gezeigt, in dieser Phase in der Regel zu oberflächlich gearbeitet wird, sind die Angebote entsprechend ungenau. Dies ist den anbietenden Firmen wohl bekannt und sie nutzen die Situation insofern aus, als sie in aller Regel ein allgemeines Angebot erstellen, das eher in Größenordnungen des unteren Bedarfslimits an Rechnerkapazität liegt, was den Angebotspreis günstig beeinflußt. Für die zuliefernde Software werden allgemeine Versprechungen gemacht, die, wenn es um die präzise Ausgestaltung eines Programms geht, dann mit außerordentlich hohen Tagessätzen der Programmentwicklungsexperten des Anbieters erst in die Tat umgesetzt werden müssen. Diese Vorgehensweise bleibt für die Anbieter relativ risikolos, da sie mit an Sicherheit grenzender Wahrscheinlichkeit nachher nachweisen können, daß nicht alle Anforderungen von vornherein vom Auftraggeber in seiner Ausschreibung artikuliert worden sind und man daher ein stimmiges Angebot hätte gar nicht erstellen können; andererseits erlaubt es die Ausbaubarkeit der heutigen Computer auf der Basis der gelieferten Maschine eine entsprechende Nachrüstung vorzunehmen, um in die Größenordnung der wirklich notwendigen Kapazität zu kommen, was das Auftragsvolumen dann im nachhinein natürlich deutlich erhöht. Den Zuschlag erhält häufig der Verkäufer, der in diesem Pokerspiel ein Angebot abgibt, das so wenig Hardware umfaßt, daß er gerade noch glaubwürdig erscheint und damit andererseits natürlich die größte Preiswürdigkeit aufweist.

Man kann die Leistungsfähigkeit eines Informationsverarbeitungssystems grundsätzlich dadurch feststellen, daß man ein Paket mit verschiedenen ausgewählten Programmen auf mehreren Rechnern ablaufen läßt und den Zeitbedarf ermittelt, der dafür auf den einzelnen Rechnertypen notwendig ist. Diese Leistungsprüfung wird als Benchmarktest bezeichnet. Ein zweiter Ansatz versucht die Software stärker einzubeziehen. Hier vergleicht man die Leistungsfähigkeit der Hardware in Verbindung mit bestimmten Programmpaketen, die man selbst später ebenfalls einsetzen möchte, indem diese Systeme in Anwendung bei anderen Unternehmen beobachtet und getestet werden. Der dritte Ansatz schließlich legt den größten Wert auf die Beobachtung der Software, da sie mehr und mehr Bedeutung erlangt. Rechnerleistung ist schließlich relativ einfach durch Erweiterung der Zentraleinheit bzw. den zusätzlichen Anschluß von Speichereinheiten zu erhalten. Hier wird die Bedienungsoberfläche, die Vollständigkeit, die Anpaßbarkeit und die Dokumentation verschiedener Programmsysteme verglichen. Die Hardwareentscheidung folgt dann nur noch in weiterer Konsequenz.

6.3 Zentrale – dezentrale Informationsverarbeitung

Der größte Teil der bisherigen Geschichte der maschinellen Informationsverarbeitung ist eindeutig vom zentralen, großen Rechner geprägt, der zunächst ausschließlich in den Räumen des sogenannten Rechenzentrums seine Daten entgegennahm und die Ergebnisse auswarf. Im Laufe der Zeit wurde durch die Entwicklung von Bildschirmeingabegeräten und preiswerten Druckern die Möglichkeit geschaffen, Datenverarbeitungsleistung am Arbeitsplatz, auch entfernt vom Rechenzentrum, zu nutzen. Die Eingabe über die Tastatur und die Ausgabe über den Bildschirm bzw. Drucker waren aber immer Funktionen, die nur unter der Steuerung des zentralen Rechners ablaufen konnten. Außer einigen Sonderfällen, in denen größere Rechner unmittelbar miteinander gekoppelt wurden, um beispielsweise ein Sicherungssystem bei der Verarbeitung besonders entscheidender Daten zu haben, gab es keine Verteilung der Datenverarbeitung. Dies änderte sich revolutionsartig mit dem Aufkommen von kleinen Arbeitsplatzrechnern (Personalcomputern) anfangs der 80er Jahre. Diese Systeme konnten aufgrund neuerer technischer Entwicklungen mit anderen Bauelementen konstruiert und damit bei großer Leistung preiswert angeboten werden. Ein heutiger Personalcomputer, der zum Preis von ca. 5000,- DM einen Hauptspeicher von 512 KB und eine Plattenkapazität von 20 MB bietet, übertrifft in vieler Hinsicht große Rechner, die noch 10 Jahre zuvor in der Größenordnung von einer Million Mark gehandelt wurden.

Damit war die zunächst unbeeinflußbare Entwicklung der Informationsverarbeitung zu einer zentralistischen Lösung angreifbar geworden. Sehr schnell entstanden Übertragungsverfahren, die es ermöglichen, mehrere kleine und große Rechner zu verbinden. Auf einem eigenen Grundstück ist man unabhängig von den Vorschriften der Deutschen Bundespost und kann mit sehr schnellen Übertragungsprozeduren einzelne Meldungen oder auch ganze Datenbestände über Netze austauschen. Wegen ihres spezifischen Charakters und der postalischen Einschränkungen auf ein Grundstück werden sie lokale Netze (LAN, Local Area Network) genannt.

Neben dem ideologischen Streit, ob ein derartiges Netz beispielsweise nur aus Personalcomputern zusammengesetzt werden kann, oder ob immer ein zentraler Rechner (Server) die Datenhaltung übernehmen soll, hat sich eine Entwicklung abgezeichnet, die zwar zunächst einen einfachen Weg zur Nutzung von Computern für kommerzielle Aufgaben verspricht, wahrscheinlich aber im Endeffekt außerordentlich große Probleme aufwirft, wenn man zu einer vollständigen, integrierten Gesamtlösung für ein Unternehmen übergehen will. Dieser Weg besteht in der Beschaffung einzelner PC's durch die jeweiligen Fachabteilungen. Der niedrige Preis erlaubt es häufig, daß Abteilungen eines Unternehmens aus ihrem eigenen Budget derartige Geräte erwerben können, ohne daß dazu eine gesamtbetriebliche Vereinbarung mit Abstimmung des Rechenzentrums und anderen Abteilungen notwendig wäre. Damit wird ganz im Sinne des »Personalcomputers« eine persönliche bzw. personenorientierte Datenverarbeitung möglich. Standardprogramme erleichtern den Einstieg in die gewünschte Anwendung und es ist durchaus anzuerkennen, daß in vielen Bereichen damit maschinelle Unterstützung für ansonsten umständliche und langwierige Aufgaben ermöglicht wird. Solange dies mit Daten geschieht, die in einer Abteilung anfallen und in eben dieser Abteilung auch verarbeitet werden, ohne daß andere Stellen des Unternehmens in irgendeiner Form auf diese Daten zurückgreifen müssen, gibt es dagegen auch keinen Einwand. Der Personalcomputer wirkt dann wie ein größerer Taschenrechner. Handelt es sich jedoch bei der Verarbeitung von Informationen in einem Personalcomputer um Angaben, die letztlich in anderen Abteilungen entstehen und/oder nachfolgend in anderen Unternehmensbereichen benötigt werden, so bedeutet eine losgelöste Entwicklung in einer Abteilung einen Bruch bei der Datenweitergabe. Im schlimmsten Falle werden die Angaben in anderen Abteilungen nochmals erfaßt, d. h. über die Tastatur eingegeben. Derartige Entwicklungen sind unbedingt zu vermeiden. Da nach Einrichtung von mehreren voneinander unabhängig arbeitenden Personalcomputern eine spätere Integration außerordentlich aufwendig ist, verlangt auch hier eine richtige konzeptionelle Vorgehensweise, daß zunächst ein allgemeiner Entwicklungsweg für die maschinelle Informationsverarbeitung in den betreffenden Unternehmen aufgezeigt wird (vgl. Kapitel 5). Alle Beteuerungen von Hardwareverkäufern, daß die spätere Integration problemlos möglich sei, sollten nicht akzeptiert werden. Der außenstehende Anbieter kann die einzelnen Schwierigkeiten bei der Informationsweitergabe im Unternehmen gar nicht erkennen. Außerdem ist für eine sinnvolle Abstimmung, welche Daten an welchen Stellen letztendlich gepflegt und auf Dauer gespeichert werden, auch eine vorhergehende Vereinbarung notwendig.

Dies bedeutet in keiner Weise eine Absage an das Konzept des Personalcomputers. Diese Maschinen konnten durch die in ihnen selbst verfügbare Rechnerleistung dem Bediener eine wesentlich angenehmere Benutzungsoberfläche vorstellen als die Großrechner. Sie vereinfacht den Umgang mit dem Rechner wesentlich. Auch ist die unmittelbare Eingriffsmöglichkeit in die häufig sehr ausgefeilten und anpaßbaren Standardprogrammpakete für den Anwender ein substantieller Fortschritt, da er bei einer rein zentralistischen Lösung immer auf die Reaktion des Rechenzentrums auf seinen Anwendungswunsch warten muß. Diese Reaktion ist aufgrund der vielen Aufgaben in Pflege und Weiterentwicklung der wesentlichen unternehmensbezogenen Programmpakete häufig erst außerordentlich spät erfolgt.

6.4 Übungen und Testaufgaben zum sechsten Lehrabschnitt

1. Welchem Faktor würden Sie bei Auswahl eines zu erwerbenden Computersystems die größte Bedeutung zumessen?
   Hardwarequalität, ☐
   Image des Computerherstellers, ☐
   Zahl der Referenzinstallationen, ☐
   Qualität der Software. ☐

2. Warum kann man sich kaum darauf verlassen, daß die in einem Angebot enthaltene Hardware und ggf. auch Software, die vom Betrieb geforderten Leistungen tatsächlich erbringt?

3. Welche Rolle spielen das Betriebssystem auf dem ein Anwendungsprogrammpaket aufbaut und die Programmiersprache, in der es entwickelt wurde, für die Entscheidung eine Software einzusetzen?

4. Beim Vergleich zweier Softwarepakete stellen Sie fest, daß eines zwar offenkundig alle Ihre Anforderungen erfüllt, aber auf einem konventionellen Ansatz mit einer großen Zahl einzelner Datenbestände (Dateien) entwickelt ist. Das zweite Angebot hat zwar keine gravierenden aber doch einige Lücken im Leistungsumfang, ist jedoch auf einem Datenbankverwaltungssystem aufgesetzt. Welcher Lösung und warum geben Sie tendenziell den Vorzug?

Siebter Lehrabschnitt:

7. Der Weg in die immerwährende Abhängigkeit

WIE und in welchen Schritten soll die maschinelle Informationsverarbeitung in einem Unternehmen eingeführt werden

Hier sollen Hinweise gegeben werden, in welcher Reihenfolge maschinelle Informationssysteme in ein Unternehmen eingeführt werden. Dabei ist zu unterscheiden zwischen Großkonzernen, mittelgroßen Unternehmen und kleineren Betrieben, wobei man davon ausgehen kann, daß wohl kaum ein Großkonzern heute ohne Datenverarbeitung auskommt. Dieser Bereich wird daher nur gestreift. Die Befolgung der hier aufgeführten Hinweise soll helfen, die sonst üblicherweise auftretenden Fehler zu vermeiden. Wie bereits in Abschnitt 5.2.1 geschildert, muß ein gut durchdachtes Informationsverarbeitungssystem »integriert« eingesetzt werden, d. h. einmal eingegebene Informationen werden für verschiedene Aufgabenbereiche genutzt. Darin liegt ein wesentlicher Rationalisierungsvorteil der maschinellen Informationsverarbeitung, da einerseits unnötiger Zeitaufwand für die mehrfache Erarbeitung und Darstellung von Informationen vermieden wird und andererseits mehr Informationen an mehr Arbeitsplätzen unmittelbar zur Verfügung stehen, damit die Entscheidungsfindung in allen Bereichen eines Unternehmens unterstützt wird. Die Integration ist jedoch mit dem Nachteil verknüpft, daß die Unternehmung in vielen Bereichen von der korrekten Funktion des maschinellen Systems zur Informationsverarbeitung abhängig wird und unter Umständen auch Gefahr läuft, daß einige besonders eingeweihte Mitarbeiter absolut unverzichtbar werden. Bei der heute üblichen hohen Qualität der Geräte spielt die Abhängigkeit von der »Maschine« nicht die entscheidende Rolle, da in der Regel auch durch eine entsprechende Service-Organisation Baugruppen oder auch ganze Maschinenteile schnell ausgetauscht werden können.

Größer wird schon die Abhängigkeit von der Integrität der Datenbestände. Es muß – das kann nicht genügend oft betont werden – sichergestellt sein, daß alle Informationen, die auf maschinellen Trägern gespeichert sind, nochmals in einer Sicherungskopie existieren und nur die allerneuesten Eingaben, die auch jederzeit nachvollzogen werden können, noch nicht in der Sicherungskopie abgebildet sind. Nur dadurch ist gewährleistet, daß nach dem Auftreten eines Fehlers in einem Datenträger durch die Nutzung der Sicherungskopie und die nochmalige Eingabe der letzten Informationen wieder ein aktueller Datenbestand erzeugt werden kann.

Gravierend ist schließlich die Abhängigkeit von Programmen und damit von den Personen, die diese Programme entwickelt haben und bedienen. Bis heute ist leider »die Kunst der Programmentwicklung« noch nicht zu einer »Technik der Programmentwicklung« greift, die auch für vorher nicht damit befaßte Mitarbeiter ein schnelles Nachvollziehen der Überlegungen bei der ursprünglichen Programmentwicklung ermöglicht. Technische Konstruktionen sind durch Dokumentation und Verfahrensregeln üblicherweise nachprüfbar und modifizierbar. Die heute auf dem Markt befindlichen Programme – dies gilt sowohl für die Betriebssystem-Software als auch für die anwendungsorientierten Programmpakete – sind jedoch von ihrer Dokumentationsstruktur der in ihnen abgebildeten Komplexität nicht gewachsen. Daher ist die langfristige Einarbeitung und Erfahrung der Entwickler bzw. Bediener noch immer ein entscheidendes Faktum. Erst die Befolgung der hier z. B. in Kapitel 5 zusammengestellten Regeln wird im Laufe der Zeit dazu beitragen, die Entwicklung und Pflege von Computerprogrammen transparenter zu machen.

Um den Übergang von einer konventionellen, mit der Hand geführten, Abwicklung oder einer veralteten maschinell unterstützten Informationsverarbeitung zu einer neuen Lösung reibungslos zu gestalten, sollten folgende vorbereitende Schritte beachtet werden:

– Schulung der betreffenden Mitarbeiter in der Bedienung des Gerätes und der Benutzung der vorgesehenen Programme; dazu Übergabe der

- Dokumentation aller eingesetzten Programme mit Hinweisen für die Nutzung und Beschreibung des Programmablaufs (je ausführlicher und illustrativer desto besser);
- Formularentwurf und Gestaltung der Drucklisten sowie Bildschirmaufbauten unter Berücksichtigung der individuellen Wünsche der Anwender und der Möglichkeiten der Programme;
- Planung und Durchführung der Datenerfassung, d. h. der Übernahme bisher listen- oder karteimäßig geführten Daten auf den Speicher des Informationssystems.

Diese Arbeiten können gleichzeitig nebeneinander, besser jedoch zeitversetzt hintereinander ablaufen. Es ist darauf zu achten, daß der Lieferant des Computersystems eine entsprechende Unterstützung gewährleistet. Diese ist Vertragsgegenstand und sollte nicht zu knapp bemessen sein, da alle weiteren Service- und Dienstleistungen des Herstellers vergleichsweise teuer sind.

In der eigenen Firma sollte unbedingt festgelegt werden, wer die korrekte Abwicklung überwacht und Gesprächspartner des Lieferanten ist. Damit behält man die Fäden in der Hand und wird nicht zum ahnungslosen Opfer einer Entwicklung, die nur noch vom Lieferanten überschaut werden kann, da nur er alle Absprachen, Vereinbarungen und Entwicklungsschritte zentral übersieht. Es ist außerordentlich sinnvoll, sich mit Kollegen (oder anders formuliert Konkurrenten) in Verbindung zu setzen, die bereits eine moderne Informationsverarbeitung eingeführt haben, um von deren Erfahrungen zu profitieren. Es ist sicherlich schwierig bei einem unmittelbaren Marktkonkurrenten an entsprechende Informationen zu kommen. Bei einem Unternehmen jedoch, das strukturell ähnlich aufgebaut ist aber andere Produkte herstellt oder andere Märkte beliefert, ergeben sich vielleicht durch Vermittlung des Computerherstellers doch Kontaktmöglichkeiten. Selbst wenn der Aufwand hierfür durchaus spürbar wird, lassen sich damit viele kostspielige Fehler im weiteren Verlauf vermeiden. Dies gilt insbesondere, wenn der befragte Betrieb ein Anwendungsprogramm einsetzt, das im eigenen Haus zur Beschaffung und Einführung ansteht.

Man darf absolut nicht vermuten, daß ein Programm, das eine bestimmte Stückzahl von Lagerteilen in einem kleineren Betrieb klaglos und schnell verarbeitet, genauso sicher eine größere Stückzahl von Lagerteilen in einem anderen Betrieb verkraften würde. Durch entsprechende Prüfungen und Rückfragen muß daher sichergestellt werden, daß insbesondere die Zahl der Kunden, der Mitarbeiter, der lagermäßig geführten Ersatzteile, der Endprodukte, der Lieferanten und sonstiger Mengenvolumen in etwa übereinstimmen. Darüber hinaus ist zu prüfen, ob das Programm in der Lage ist, für die genannten Informationen auch die bisher im Betrieb verwendeten Schlüssel zu führen. Es ist ein immer wieder gemachter Fehler zu meinen, daß die Datenverarbeitung zwangsläufig neue Identifikationsnummern bzw. Teileschlüssel bedingt. Für einen reibungslosen Übergang von klassischer Organisation zu Datenverarbeitung ist es im Gegenteil häufig eine Voraussetzung, daß Schlüssel und Teilenummern beibehalten bleiben; nur in Ausnahmefällen können überalterte Schlüsselsysteme bei einer anstehenden Umstellung auf elektronische Informationsverarbeitung gleich mitgeändert werden.

Es ist schließlich auch zu prüfen, an wievielen Stellen im Betrieb Bildschirme und Tastaturen, Druckgeräte oder andere Ein- bzw. Ausgabeeinrichtungen installiert werden sollen. Je mehr Geräte von einem Computer zu versorgen sind, um so langsamer wird seine Abarbeitungsgeschwindigkeit. Es ist folglich ein sinnvolles Verhältnis zwischen Rechnergeschwindigkeit und Anzahl der Peripheriegeräte zu finden, was schließlich nur durch entsprechende Versuche vor einem Vertragsabschluß festgestellt werden kann. Die technischen Daten der Hersteller mit den Hinweisen auf die Zahl der anschließbaren Geräte sind rein theoretische Werte.

Wird ein System vorgeführt, so sollte diese Präsentation unbedingt auf einem Rechner erfolgen, der exakt genau der angebotenen Kombination von Zentraleinheit, Speichern, Druckern und Bildschirmen entspricht. Das Zeitverhalten bei der Abarbeitung von Programmen kann auf den verschiedenen Ausbaustufen eines Rechners vollkommen anders sein.

7.1 Ausbildung der Mitarbeiter

Die Ausbildung der Mitarbeiter sollte stufenweise in der Reihenfolge des geplanten Einsatzes der verschiedenen Programme erfolgen. Es ist undenkbar, daß der volle Leistungsumfang eines Programmsystems schon unmittelbar nach der Installation genutzt werden kann. Zum einen sind erst Vorarbeiten in Form der Erfassung der Grunddaten zu leisten, zum anderen wären die Mitarbeiter absolut überfordert. Dies brächte Unruhe und Mißtrauen gegenüber dem Computer mit sich, der dann auch schnell für eigene Fehler verantwortlich gemacht wird. Für die Leistungsfähigkeit eines Unternehmens ist es von entscheidender Bedeutung, daß es gelingt, die Mitarbeiter an die neuen Möglichkeiten der Informationsverarbeitung heranzuführen und sie zu einer positiven Grundeinstellung gegenüber diesem Hilfsmittel zu veranlassen.

Die stufenweise Ausbildung sollte in ihren einzelnen Schritten jeweils abgeschlossen sein, bevor ein neues Programm in Betrieb genommen wird. Da die Bedienungssicherheit nur durch Üben erreicht werden kann, ist in manchen Fällen für eine kurze Zeit sogar ein Parallellauf von Computereingabe und Computernutzung sowie der bisherigen Arbeitsweise sinnvoll. Dieser Parallellauf darf eindeutig jedoch nur für eine kurze Übergangsphase vorgesehen werden, da er den Mitarbeitern Doppelarbeit abverlangt, was die Grundhaltung gegenüber dem neuen Informationsverarbeitungsmedium sicher nicht positiv beeinflußt. Er bietet jedoch eine gewisse Sicherheit, da man in den ersten Tagen des Systemeinsatzes sich noch durchaus einige Fehler erlauben kann, ohne daß diese einen unmittelbaren Einfluß auf den Betriebsablauf haben. Die Fehler sind noch aus den manuell weitergeführten Unterlagen zu verbessern. Wichtig ist bei der Schulung, daß jeder Mitarbeiter die Datenverarbeitung als Organisationssachmittel wie Bleistift und Lineal erkennt und akzeptiert. Er soll sich über die Vorteile und Auswirkungen der Datenverarbeitung bewußt werden. Dazu gehört auch, daß sich Arbeitsabläufe ändern, weil z. B. Belege anders auszufüllen sind oder eine verstärkte Kommunikation mit der Maschine das häufig lästige Rückfragen bei Kollegen ersetzt oder der Computer bestimmte Informationen bereit hält, die auf anderem Wege kaum zu erlangen sind.

Schulung und Ausbildung kann sowohl im eigenen Haus als auch beim EDV-Hersteller erfolgen. Beide Möglichkeiten bieten Vor- und Nachteile. Der Vorteil einer Schulung außer Haus liegt darin, daß der Mitarbeiter sich ausschließlich auf den Lehrstoff konzentrieren kann, während er in der Firma durch Rückfragen zur Abwicklung des Tagesgeschäftes in der Regel gestört wird. Andererseits kann er in der Firma zur beispielhaften Erläuterung an ihm bekannten Vorfällen unmittelbar auf Unterlagen zugreifen oder Rückfragen an Kollegen richten. Dies ist ihm außer Haus unter Umständen nur schwer möglich. Daher sollte man beachten, daß sich der Mitarbeiter unabhängig vom Schulungsort entlastet vom Tagesgeschäft voll und ausschließlich auf die Ausbildung konzentrieren kann. Er muß auch Unterlagen zu eigenen Geschäftsvorfällen mit allen Ausnahmen und Besonderheiten zur Verfügung haben.

Schließlich zeigt die Erfahrung, daß eine Gruppe aus älteren Mitarbeitern in der Regel die Umstellung auf neue Techniken ablehnt. Abhilfe kann hier ein jüngerer Mitarbeiter als Mitglied der Gruppe schaffen, indem er sich offen dem neuen Hilfsmittel zuwendet und damit im Laufe der Zeit die Kollegen mitzieht.

Die Form der Einbeziehung der Mitarbeiter in die neue Entwicklung wird hier deshalb so ausführlich geschildert, weil die Probleme bei der Nutzung der Informationstechnologie heute nur in geringem Maße in der Technik der Geräte zu finden sind, vielmehr jedoch in der organisatorischen Umstellung auf die neuen Verfahren. Diese Umstellung kann nur bei positiver Mitarbeiterhaltung bewerkstelligt werden.

Im Vertrag für die Beschaffung des Computers sind auch die Kosten der Einarbeitung, Schulung bzw. Beratung zu regeln. Es ist aus den oben aufgezeichneten Gründen sinnvoll, diese nicht in einem einzigen Block durchzuführen, sondern über einen Zeitraum zu verteilen, da man nach einer ersten Einweisung zunächst üben und Erfahrung sammeln sollte, um dann Probleme und Rückfragen zu klären. Jede weitere über die vertraglichen Absprachen hinausgehende Schulung kostet in der Regel viel Geld. Es ist falsch, nur unmittelbar betroffene Mitarbeiter in das System einzuarbeiten. Dadurch steigt die Abhängigkeit des Unternehmens von den wenigen »Experten-Mitarbeitern« enorm. Nur das breite Wissen über den Umgang mit der Informationsverarbeitung läßt diese zum normalen Hilfsmittel werden und die Mitarbeiter bleiben ersetzbar.

Die Betroffenen sollten möglichst frühzeitig darüber in Kenntnis gesetzt werden, daß ein System zur Informationsverarbeitung angeschafft wird; man sollte versuchen, sie in gewisser Weise in den Entscheidungs- und Auswahlprozeß mit einzubeziehen. Dies stellt zum einen eine gewisse Anerkennung dar und stärkt zum anderen den Ehrgeiz und die Bereitschaft mit dem System zu arbeiten, bei dessen Anschaffung man selbst beteiligt war.

7.2. Dokumentation

In der Dokumentation sind alle Unterlagen zusammengefaßt, die ein Programmpaket und seine Benutzung beschreiben. Sie ist erforderlich, damit sich ein ungeübter Benutzer in das System einarbeiten kann, damit im Fall von Fehlern diese lokalisiert und repariert werden können und damit bei notwendig werdenden Weiterentwicklungen die entsprechenden Positionen im Programm aufgefunden werden können. Leider sind die Dokumentationsunterlagen bei vielen Anwendungsprogrammen dürftig und erfüllen nicht die Anforderungen, die an sie gestellt werden.

In jüngster Zeit wird unter dem Stichwort »Benutzerfreundlichkeit« eine Entwicklung eingeleitet, die den Umgang mit Programmen besonders einfach gestalten soll und bei der jedem Benutzer auf Wunsch in allen Fragen der Programmbedienung vom Programm selbst durch die Eingabe einer Hilfeanforderung Hinweise auf die weiteren Bedienungsmöglichkeiten gegeben werden. So nützlich diese Form der Benutzeroberfläche von Programmen für die Einarbeitung in ein System ist, so problematisch entwickelt sich die komfortable aber damit auch häufig umständliche Bedienungsform dieser Programme zu einem Hindernis, sobald der Anwender mit dem Programmsystem vertraut geworden ist. Es ist beim Einsatz derartiger Systeme darauf zu achten, daß auch für einen geübten Benutzer eine praktische Steuerungsmöglichkeit für das Programm existiert und er nicht auf Dauer gezwungen ist, umständlich – weil weitschweifig erklärende – Bedienungsschritte zu durchlaufen.

7.3 Formularentwurf und Aufbereitung von Druckergebnissen

Durch den Übergang auf ein maschinelles Informationssystem entsteht häufig die Forderung, bisher eingesetzte Formulare durch neue zu ersetzen. Die Notwendigkeit dafür ergibt sich teilweise aus ganz einfachen technischen Zwängen, da die Druckeinrichtungen nur an standardisierten Positionen Zeichen ausgeben können und damit die Zeilen- und Spaltenvorgaben der Formulare den Druckermöglichkeiten angepaßt werden müssen. Andererseits ergibt sich häufig durch die maschinelle Unterstützung eine andere Form der Abwicklung, die andere Datenfelder als bisher benötigt oder bestimmte Angaben innerhalb einiger Vorgänge überflüssig macht.

Je nach Programmstruktur können kleine Änderungen und Anpassungswünsche für die Ausgabe im Programm auf einfache Weise berücksichtigt werden oder sie verlangen eben erhebliche Programmänderungen. Gerade in diesen Punkten sollte vor Vertragsabschluß absolute Klarheit geschaffen werden, damit nicht unerwartete Kosten für eine später durchzuführende Umstellung auf den Käufer eines Programmsystems zukommen. Viele listenmäßige Ausgaben, die nur für den firmeninternen Gebrauch benötigt werden – dazu zählen insbesondere statistische Berichte – können entweder sehr übersichtlich aufgebaut sein oder in Form »von Zahlenfriedhöfen« die notwendigen Angaben zwar enthalten, diese aber nur nach jeweils sehr intensivem Suchen in verwirrend vielen Spalten und Zeilen preisgeben. Gerade Drucklisten, die nur selten benötigt werden, müssen besonders übersichtlich und leicht interpretierbar gestaltet sein, da die Benutzer durch die großen Zeitabstände nicht im Umgang mit diesen Tabellen geübt sind. Aus prinzipiellen Gründen und wegen der sonst fehlenden Unterscheidbarkeit sollten alle Listen eine Überschrift, ein Ausgabedatum und eine Seitennummer enthalten.

7.4 Datenerfassung – der Weg vom Papier in den Computer

Jedes Unternehmen führt Unterlagen über Kunden, deren Aufträge, Ersatzteile, Teilelieferanten, Debitorenkonten, Produkte usw. Ein Teil der zu diesen Bereichen gehörenden Daten ändert sich fast nie, wie z. B. die Anschriften von Kunden und Lieferanten oder nur relativ selten wie z. B. die von einem Lieferanten lieferbaren Teile. Alle Daten, die sich nicht durch die laufende Geschäftsabwicklung ändern, werden als Stammdaten bezeichnet. Nicht zu den Stammdaten werden folglich die Daten der Fakturierung bzw. der Buchführung gerechnet, da sie sich bei jedem Geschäftsvorgang ändern bzw. neu ergeben. Damit der Computer die in den Stammdaten zusammengefaßten Informationen immer wieder nutzen kann, müssen sie zunächst in das System eingegeben werden. Dieser Vorgang wird als Stammdatenerfassung bezeichnet und muß vor der erstmaligen betriebsbezogenen Datenverarbeitung durchgeführt werden.

Für eine derartige Erfassung von Stammdaten stehen jeweils eigens entwickelte Programme zur Verfügung, mit denen die Kundendaten, Teiledaten, Lieferantendaten usw. eingegeben werden können. Diese Eingaben erfolgen immer in einer bestimmten, einmal für ein Erfassungsprogramm fest vorgegebenen Reihenfolge. Es ist daher ratsam, die zu erfassenden Daten vorher schriftlich auf einem Formblatt aufzubereiten, das im Aufbau der Reihenfolge bei der Bildschirmeingabe entspricht. Gleichzeitig können dabei die Daten auf ihre formale Gültigkeit überprüft werden (z. B. Kunde nicht mehr existent etc.).

Zum Auffinden der Daten eines bestimmten Kunden, Lieferanten, Debitorenkontos usw. benötigt man einen Suchbegriff. Dies kann beispielsweise der Kundenname, bei Teilen die Teilenummer, bei Debitorenkonten die Kontonummer sein. Bei der konventionellen Aufgabenlösung ohne Datenverarbeitung kann man durch Blättern in Karteikarten oder Ordnern die gewünschten Daten finden. Bei Einsatz eines Computers muß man dem Verarbeitungsprogramm mitteilen, auf welchen Kunden man zugreifen will, auf welches Konto eine Buchung vorgenommen werden soll. Das dazu notwendige Nummernsystem oder Identifikationssystem kann, wie bereits erläutert, durchaus das bisher benutzte Verfahren sein, wenn sichergestellt ist, daß jedes »Objekt« (z. B. Kunde, Konto, Lieferant...) eindeutig durch das Nummernsystem identifiziert wird. Keine einzige Nummer darf folglich zweimal vorkommen.

7.5 Wo steht das gute Stück

Die Entscheidung über den Aufstellungsort des Computers wird von verschiedenen Überlegungen beeinflußt. Es sollte ein möglichst staubfreier Raum sein, in dem kein Publikumsverkehr herrscht. Bei Einsatz eines größeren Rechners mit mehreren Bildschirmarbeitsplätzen ist eine räumliche Trennung von Rechner und Plattenlaufwerk sowie Drucker von den Bildschirmstationen nützlich, da die Geräte doch eine erhebliche Geräuschentwicklung aufweisen. Ein Imageeffekt bezüglich der Fortschrittlichkeit eines Betriebs durch den sichtbaren Einsatz von Computern wirkt heute in der Regel nur noch für kleinere Betriebe, da man bei großen Unternehmen einen derartigen Einsatz ohnehin unterstellt. Für die Anordnung der Bildschirme ist entscheidend, für welche Aufgaben sie benutzt und von wem diese Aufgaben ausgeführt werden.

Für größere Rechenanlagen ist die Sicherung des sogenannten Rechenzentrums von großer Bedeutung. Da zu den dort aufgestellten Geräten alle Fäden des Unternehmens zusammenlaufen und hier auch die wesentlichen Unternehmensdaten gespeichert werden, muß dafür gesorgt werden, daß weder durch Katastrophenfälle wie Feuer und Wasser, noch durch böswillige Personeneinwirkungen, wie Diebstahl und mutwillige Beschädigung ein gravierender Schlag gegen das Unternehmen entstehen kann. Dies erzwingt grundsätzlich immer die Auslagerung der Sicherungsdaten in ein anderes Gebäude.

Der Hardware-Lieferant besteht auf der Einhaltung bestimmter Anforderungen an die Umgebungsbedingungen (Raumtemperatur und Luftfeuchtigkeit), unter denen die Computer-Anlage aufgestellt wird und arbeiten soll. Hinweise bezüglich der zulässigen Mindest- und Höchstwerte können den technischen Unterlagen oder entsprechenden Merkblättern entnommen werden. Es ist darauf zu achten, daß diese Vorschriften erfüllt werden, da nur so ein ordnungsgemäßer Betrieb gewährleistet wird. Häufig sind in der Anfangsphase der Anwendung einer neuen Datenverarbeitungsanlage wiederholt Fehler aufgetreten, die sich dann schließlich auf zu intensive Sonneneinstrahlung, zu große statische Aufladung, zu starke Erschütterung für bestimmte Geräte oder auch auf zu schwache Klimatisierung zurückführen ließen.

Während die Stromversorgung von kleineren Computern, die auf die Schreibtische der Mitarbeiter gestellt werden, recht problemlos gehandhabt wird, müssen größere, zentral arbeitende Geräte durch besondere Stromkreise abgesichert werden, da insbesondere starke Spannungsschwankungen durch andere im Stromkreis befindliche Maschinen zu vermeiden sind. Treten häufiger Netzfehler auf und ist der Computer empfindlich gegen Stromausfälle, weil beispielsweise keine geordnete Beendigung der gerade ablaufenden Befehle mehr möglich ist, so müssen Spannungskonstanthalter in das Stromnetz eingebaut werden.

7.6 Kontinuierliche Betreuung nach der Installation

Für die Sicherung der Funktionsfähigkeit des Computers ist der technische Kundendienst des Herstellers zuständig. Wie bei einem Automobil, bei dem turnusmäßig Inspektionen empfohlen werden, ist auch bei Computern eine regelmäßige Wartung sinnvoll, da z. B. Luftfilter mit der Zeit verschmutzen und dies durch eine vorbeugende Wartung in Ordnung gebracht werden kann. Treten echte Fehler und Störungen auf, so muß der technische Kundendienst möglichst schnell verfügbar sein, da bis zur Reparatur ein ordnungsmäßiger Betriebsablauf nicht mehr gewährleistet ist. Teilweise können Ausfälle der Datenverarbeitung auch zu Produktionsstillstand und Beendigung aller Bürotätigkeiten führen.

Bei Problemen mit den Abarbeitungsprogrammen kann ein Techniker keine Hilfe geben. Für diesen Fall muß man sich mit der Software-Entwicklung in Verbindung setzen, die dann versucht, das Problem zu lokalisieren und den Fehler zu verbessern. Programme werden laufend weiterentwickelt. Teilweise aus Gründen der Anpassung an neue Rechtsvorschriften, teilweise um der technischen Entwicklung zu folgen. Es ist sinnvoll, die angebotenen neuen Versionen eines Programmes zu übernehmen, da man nur dann nicht Gefahr läuft, eines Tages von dem beibehaltenen »uralten« Stand nicht mehr problemlos auf die aktuelle Version übergehen zu können. Irgendwann ist auch der beste Systemberater nicht mehr in der Lage, sich an eine Jahre zurückliegende Programmversion zu erinnern.

Durch die in den letzten Jahren verstärkt einsetzende Beschaffung von Hardware und Software durch verschiedene Lieferanten ergeben sich auch zunehmend Probleme bei der Schuldzuweisung. Arbeitet ein System nicht mehr einwandfrei, so kann dies auch im Bereich des Übergangs von der Hardware zur Software begründet sein. Wurde beides vom selben Lieferanten beschafft, so ist eindeutig klar, wer das Problem zu beseitigen hat.

7.7 Gedächnisstütze

Punkte, die bei der Einführung eines Informationsverarbeitungssystems beachtet werden sollten.

Allgemeine Vorbereitung

- Zeitplan für die verschiedenen Phasen der Installation aufstellen.
- Einen Mitarbeiter für die Überwachung und Abwicklung des Projekts einsetzen.
- Erfahrungsaustausch mit Referenzbetrieben (bei denen das geplante System bereits installiert ist) betreiben.

- Prüfen, ob bisher benutzte Identifikationen der betrieblichen Daten auch in der Software als Schlüssel beibehalten werden können.
- Vorführungen nur auf der angebotenen Gerätekonfiguration akzeptieren.
- Anzahl der gewünschten Peripheriegeräte festlegen und Auswirkungen auf das Zeitverhalten der Anlage prüfen.

Mitarbeiterschulung

- Mitarbeiter frühzeitig über die Anschaffung eines EDV-Systems informieren.
- Mitarbeitern Vorteile und Auswirkungen des EDV-Einsatzes bewußt machen.
- Zunächst besonders die direkt an der Anlage tätigen Mitarbeiter ausbilden.
- Stufenweise Schulung in abgeschlossenen Schritten (analog der stufenweisen Erweiterung des EDV-Einsatzes im Betrieb).
- Zu schulende Mitarbeiter vom Tagesgeschäft entlasten.
- Schulungs- und Beratungskosten im Vertrag mit dem Lieferanten der EDV-Anlage fixieren.
- Mittelfristig auch die nicht direkt betroffenen Mitarbeiter in die Arbeitsweise der EDV-Anlage einführen.

Einsatz von Programmpaketen in der Anfangsphase

- Entscheiden, ob Programmpakete zu einem bestimmten Termin die alten Verfahren vollständig ablösen oder ob altes und neues Verfahren in einer Übergangsphase parallel laufen sollen.

Dokumentation

- Dokumentation aller Programmpakete und Hardwarekomponenten verlangen.
- Dokumentation möglicher Besonderheiten im Dialog fordern.
- Dokumentation aller Programm- und Systemmeldungen verbunden mit den entsprechenden Verhaltensregeln im Fehlerfall liefern lassen.

Datensicherung

- Täglich Datensicherung durchführen.
- Immer die zwei letzten Sicherungskopien archivieren.
- Datenträger feuersicher und verschlossen aufbewahren.
- Für Datensicherung verantwortlichen Mitarbeiter bestimmen.
- Über Zugangsberechtigung unbefugten Zugriff auf Daten und Programme verhindern.

Formularentwurf und Gestaltung von Drucklisten

- Bisher eingesetzte Formulare auf EDV-Verwendbarkeit prüfen.
- Rechtzeitig neue Formulare entwerfen.
- Beim Programmkauf prüfen, ob die gewünschten Druckausgaben überhaupt mit diesem Programm möglich sind.
- Kostenregelung für eventuelle Änderungen der Listenausgabe vertraglich festlegen.
- Auf gute Lesbarkeit und übersichtliche Gestaltung der einzelnen Listen achten.
- Alle Listen müssen Überschrift, Seitennummer und Ausdruckdatum tragen.

Organisatorische Vorarbeiten zur Datenerfassung

- Stammdaten vor der Erfassung schriftlich mit Hilfe von Formblätter in der Reihenfolge der Bildschirmeingabe aufbereiten.
- Beim Ausfüllen der Formblätter Kunden, Lieferanten u. a. Nummern (z. B. Kundennummern) zuteilen.
- Stammdaten vor der Erfassung auf Gültigkeit prüfen.
- Einführung von Suchkriterien für einzelne Datensätze mit dem Systemberater abstimmen.
- Zahl der zu erfassenden Kunden, Teile u. ä. prognostizieren.
- Lagerorte für Teile und Material vor der Stammdatenerfassung festlegen.
- Vor der Erfassung des Lagerbestandes möglichst Inventur durchführen.

Aufstellung und Anschluß des Computers

- Staubfreien Raum ohne Publikumsverkehr wählen.

- Räumliche Trennung von Plattenlaufwerken und Sichtstationen.
- Bei mehreren Bildschirmen Aufgabenverteilung definieren und davon abhängig Installationsort wählen.
- Vorschriften für die Umgebungsbedingungen der Hardware beachten.
- Eigenen Stromkreis für die Stromversorgung der EDV-Anlage einrichten.
- Gegebenenfalls für antistatischen Bodenbelag im Bereich der EDV-Anlage sorgen.
- Bildschirme blendrei aufstellen.

Betreuung nach der Installation
- Turnusgemäß Inspektionen der Hardware durchführen lassen.
- Bei Hardwarefehlern dem Kundendienst möglichst genaue Fehlerbeschreibung vorlegen.
- Prüfen, ob telefonische Fehlerdiagnose möglich ist.
- Bei Fragen zur Software nicht Techniker sondern Systemberater ansprechen.
- Immer die neuesten Versionen der eingesetzten Software übernehmen.

7.8 Übungen und Testaufgaben zum siebten Lehrabschnitt

1. Warum bringt die Trennung in Hardware und Software, die dann gemeinsam die gewünschte Funktion ausführen, besondere Probleme für die langfristige Nutzung von Computern?

2. Versuchen Sie zu begründen, warum die behauptete »Abhängigkeit der Betriebe von Computern« eigentlich eine Abhängigkeit der Betriebe von den spezialisierten Mitarbeitern ist.

3. Inwiefern spielt das Betriebssystem eines Computers eine Rolle bei der Auswahl der richtigen Maschine für den vorgegebenen Einsatzbereich?

Achter Lehrabschnitt:

8. Typische Anwendungsbereiche
WIE kann man CIM, LUG, CIB ... nutzen?

Die Kürzel CIM für Computer integrated manufacturing, LUG für Lohn und Gehalt sowie CIB für Computer integrated bureau sind heute in aller Munde. Sie bezeichnen typische Integrations- bzw. Anwendungsbereiche, die aus mehreren eng miteinander zusammenhängenden Teilaufgaben bestehen. Sie sind teilweise bereits im breiten Maß eingeführt und es stehen gute Softwarepakete zur Verfügung, die für verschiedene Betriebsgrößen und unterschiedliche Spezialanforderungen Lösungen beinhalten. Dies gilt insbesondere für die Lohn- und Gehaltsabrechnung sowie die Finanzbuchhaltung, die Kundenauftragsverwaltung, die Rechnungsstellung und die Textverarbeitung. Für andere Bereiche ist der Einführungsprozeß wesentlich schwieriger, die Programme müßten in noch stärkerem Maße an betriebsbedingte Besonderheiten angepaßt werden und es gibt daher nur wenige Anwendungsfälle, in denen das mögliche Spektrum der maschinellen Informationsverarbeitung für die Betriebsbelange tatsächlich ausgenutzt wird. Dies gilt insbesondere für die Bereiche Fertigungsunterstützung und Bürokommunikation.

Neben einer kurzen Übersicht auf die organisatorisch und maschinell gut beherrschbaren Teilbereiche wird in diesem Kapitel auf die Besonderheiten der schwierigen und erst in wenigen Betrieben maschinell unterstützten Aufgabenbereiche eingegangen.

8.1 FIBU – Finanzbuchhaltung

Die Finanzbuchhaltung ist eine der betrieblichen Funktionen, die bereits in den Anfängen der kommerziellen Datenverarbeitung häufig maschinell unterstützt wurden. Dies ist ganz einfach in der

Tatsache begründet, daß die Abläufe in der Finanzbuchhaltung wesentlich durch gesetzliche Vorschriften geprägt sind. Damit halten sich die Unterschiede in den Anwendungen bei verschiedenen Unternehmen in Grenzen und der Anpassungsaufwand eines Softwarepaketes für verschiedene Kunden bleibt überschaubar. Heute ist die Finanzbuchhaltung der Aufgabenbereich, für den die meisten Programme auf dem Softwaremarkt angeboten werden. Die große Auswahl macht jedoch eine besonders genaue Prüfung bei der Beschaffung notwendig; schließlich ist die Finanzbuchhaltung ein Bereich, der mit vielen anderen Funktionen des Unternehmens verbunden ist. Um die anzustrebende Integration der maschinell unterstützten Informationsabläufe zu erreichen, muß die Finanzbuchhaltung mit anderen Programmen verknüpfbar sein. In jedem Fall muß die Finanzbuchhaltungssoftware folgende Module umfassen. Für die Eingabe aller buchhalterischen Daten ist ein Datenerfassungsprogramm notwendig, das immer dialogorientiert sein sollte. D. h. etwaige unmögliche Eingaben werden vom Rechner sofort zurückgewiesen. Für die Verwaltung der Sach- und Personenkonten muß es möglich sein, einen Kontenrahmen selbst zu bestimmen, die Umsatzsteuerschlüssel frei zu wählen und automatisch zu bebuchende Sammelkonten festzulegen. Programmgestützt muß aus den Konten über eine Gewinn- und Verlustrechnung eine Bilanzierung erfolgen können; schließlich sollte ein Programmodul für verschiedene Auswertungen zur Verfügung stehen, die das buchhalterische Zahlenwerk für betriebliche Entscheidungen nutzbar machen; dazu gehören einfache Übersichten z. B. der Bonität bestimmter Kundengruppen aber auch kompliziertere Auswertungen bezüglich der Liquiditätssituation des Unternehmens für die überschaubare Zukunft.

Entscheidend für die Beurteilung der zur Auswahl stehenden Buchhaltungsprogramme ist die Dokumentation im Sinne einer Beschreibung der Benutzung des Programms als Einführung für buchhalterisch vorgebildete aber EDV ungewohnte Anwender. Außerdem muß vom Programm die Datensicherung unterstützt werden, da die Buchhaltung zu den wesentlichsten Zahlenwerken des Betriebsablaufes gehört, so daß ein Verlust an Informationen in diesem Bereich absolut vermieden werden muß. Desweiteren ist zu prüfen, inwieweit im Sinne einer Integration die von der Buchhaltung benötigten Datenbestände über Kunden und Lieferanten auch von anderen Programmen z. B. Auftragsbearbeitungen oder Bestellabwicklungen genutzt werden können.

8.2 FAK – Fakturierung

Das Ausschreiben von Rechnungen ist ein beliebtes Automatisierungsziel. Hier kann losgelöst von allen Verknüpfungen des Informationsflusses im Unternehmen ein Computer als bessere Schreibmaschine eingesetzt und ein »Automatisierungserfolg« nachgewiesen werden. Ein derartiger Computereinsatz ist strikt abzulehnen, da er vermeintlich einen guten Automatisierungsstand im Bereich der Rechnungsschreibung ausweist und damit für weitere Integrationsentwicklungen nur hemmend wirkt. Tatsache ist, daß die Fakturierung das letzte Glied einer ganzen Reihe von Verfahrensschritten darstellt. Diese beginnen mit der Auftragsbearbeitung (vgl. nächsten Abschnitt), gehen je nach Unternehmen (Handel oder Fertigung) über eine Lagerbewirtschaftung, ein Bestellwesen bzw. eine Fertigungsunterstützung dann zu einer Lieferscheinschreibung und Fakturierung, an die schließlich die Finanzbuchhaltung angeschlossen werden muß. Erst dadurch wird der an sich simple Vorgang der Rechnungsstellung aus Sicht der Informationsverarbeitung anspruchsvoll, da im integrierten Verfahren die einmal eingegebenen Informationen über Aufträge, Kunden und Lieferungen bei der Fakturierung automatisch ausgewertet werden sollen. Nur so wird aber auch die maschinelle Rechnungsstellung sinnvoll, da Eingabefehler vermieden und der Gesamtverarbeitungsaufwand deutlich reduziert werden können. Fakturierprogramme sind so aufgebaut, daß sie die Gestaltung der Rechnungsformulare weitgehend dem Anwender überlassen, d. h. über eine Parameterfestsetzung, die teilweise sehr elegant am Bildschirm erfolgen kann, wird der Aufbau des Formulars mit der Länge der einzelnen auszugebenden Felder fixiert. Außerdem muß das Finanzbuchhaltungsprogramm an die im Unternehmen geführten Datenbestände, aus denen die einzelnen Rechnungsinformationen zu entnehmen sind, angepaßt werden.

8.3 KAU – Kundenauftragsverwaltung

Die eingehenden Kundenaufträge haben für die meisten Unternehmen eine enorme Bedeutung, da sie zumindest die gesamte Auslieferung, das Lagerwesen und die Mengendisposition beeinflussen. Bei vielen Unternehmen, die kundenauftragsorientiert reagieren, d. h. ihre Fertigung auf den Kundenwunsch einrichten bzw. ihre Bestellungen erst nach vorliegen der Kundenaufträge aufgeben können, ist eine aktuelle Übersicht der Einzelpositionen aller Kundenaufträge von eminenter Bedeutung. Je schneller die Aufträge auch bezüglich ihrer Einzelposten und Stückzahlen ausgewertet werden können, je eher kann durch eigene Bestellungen am Markt reagiert und damit den Konkurrenten zuvorgekommen werden. Je nach Branche sind Aufträge jedoch sehr unterschiedlich strukturiert. Die Bestellung eines Schuhhauses beim Lieferanten wird mehrere Auftragszeilen mit jeweils der Angabe eines Schuhmodells, der Stückzahlen aller gewünschten Größen und ggf. besonderer preislicher Konditionen enthalten. Der Auftrag eines Zahnarztes bezüglich der Ausstattung seiner Praxis wird zwar auch mehrere Auftragszeilen, darin jedoch immer nur einen Gerätetyp umfassen. Für die verschiedensten Branchen sind damit jeweils angepaßte Bildschirmmasken notwendig. Auch die Gestaltung der sogenannten Auftragsköpfe, die Informationen bezüglich aller Auftragspositionen enthalten, ist sehr stark von den Usancen in der Branche beeinflußt, da ggf. besondere Liefertermine und besondere Konditionen auch bezogen auf einzelne Auftragspositionen angegeben werden.

8.4 LUG – Lohn- und Gehaltsabrechnung

Die Ermittlung der Bruttobeträge für die Lohn- und Gehaltsabrechnung aus den vertraglich vereinbarten Löhnen und Gehältern sowie den besonderen auch leistungsorientierten Zulagen ist auch ein seit vielen Jahren gepflegtes Gebiet für den Einsatz von Computern. Ähnliches gilt für die Ermittlung der Nettobeträge durch Abzug der gesetzlich festgelegten Beiträge zu den verschiedenen

Sozialversicherungen bzw. durch den Steuerabzug. Der Bereich war schon immer automationsgeeignet, weil einerseits allgemein gültige gesetzliche Vorschriften die Berechnungsweise bestimmen und andererseits zumindest für ganze Branchen einheitliche Tarifverträge und Vereinbarungen über die Entgeltermittlung die Entwicklung eines entsprechenden Programmes lohnend erscheinen lassen, da doch immer eine große Zahl von Betrieben einer Branche eine gemeinsame Programmversion einsetzen können. Dies gilt insbesondere deshalb, weil die Lohn- und Gehaltsabrechnung traditionell wenig Verbindungen zu den sonstigen maschinell unterstützbaren Verwaltungsaufgaben hat. Selbst die Fertigungsabwicklung, die sich auch mit Stückzahlen, Kapazitäten und Leistungsdaten beschäftigt, wird häufig nicht als Zulieferant für die Lohndatenermittlung benutzt, da die Gefahr einer übermäßigen Mitarbeiterkontrolle durch die Betriebsräte sehr hoch eingeschätzt wird. Damit ist die Lohn- und Gehaltsabrechnung jedoch ein unverbundenes selbständig arbeitendes Programm, das auch kaum auf Datenbestände anderer Programme zugreifen muß.

8.5 Text – Textverarbeitung

Es hat sehr lange gedauert, bis man auf breiter Basis begonnen hat, Computer auch für die Erstellung von Texten einzusetzen. Dies war keinesfalls in einer noch fehlenden technischen Entwicklung begründet, denn Buchstaben speichern und damit Texte verarbeiten konnten die Computer schon lange. Es lag vielmehr im Preis-Leistungsverhältnis begründet, daß man das »gute Stück« nicht für so einfache Tätigkeiten wie das bloße Speichern von Texten benutzen konnte. Erst die große Leistungsfähigkeit bei gleichzeitig sehr niedrigen Preisen für Personalcomputer haben in den letzten Jahren dafür gesorgt, daß Textverarbeitung mit Computern zu einer Selbstverständlichkeit wurde. Wie Hammer und Meißel von Tinte und Feder und diese dann von der Schreibmaschine zur Texterstellung abgelöst wurden, so viel besser kann man mittlerweile gerade mit kleinen Computern Textverarbeitung betreiben. Die Texterfassung erfolgt über einen Bildschirm mit Tastatur, wobei die Eingabe unmittelbar angezeigt wird. Fehler können sofort korrigiert werden, indem man diese übertastet. Das System speichert die erfaßten Texte, die dann jederzeit abrufbereit sind. Je nach Leistungsfähigkeit der Textverarbeitungssoftware hat man mehrere alternative Einsatzmöglichkeiten.

- Standardbriefschreibung: Der einmal erfaßte Text wird in einer bestimmten Stückzahl vom Computer gedruckt, dann mit einem Adreßaufkleber versehen und verschickt;
- Individualbriefschreibung: Das Textverarbeitungssystem setzt automatisch verschiedene Daten eines Kunden, Lieferanten, Produktes etc. in einen standardisierten Brieftext ein. In der Regel ist hiermit eine Auswahl aus dem vorhandenen Datenbestand nach bestimmten Kriterien verbunden. So kann man sich alle Kunden suchen lassen, die in einem bestimmten Bereich tätig sind. Das System setzt dann in die Anschreiben automatisch die individuellen Daten der Kunden und der Produkte ein. Jeder Brief kann auf Wunsch durch spezielle Hinweise ergänzt werden.
- Texterstellung: Insbesondere für die Entwicklung und Überarbeitung längerer Texte wie Gebrauchsanweisungen, Verträge etc. ist die Textverarbeitung mit Computern sehr geeignet, da nicht nur Fehler korrigiert, sondern auch Absätze ausgetauscht und Plätze für Abbildungen problemlos umgeschoben werden können.

Der Entwicklungsprozeß ist jedoch noch keinesfalls abgeschlossen, denn die Integration zwischen der bisherigen Datenverarbeitung und der Texterstellung ist noch nicht wirklich vollzogen und wird heute unter dem Schlagwort Bürokommunikation (vgl. Abschn. 8.7) angestrebt.

Die Textverarbeitung zeichnet sich auch dadurch aus, daß Texte auf einem Speicher mit wahlfreiem Zugriff abgelegt werden.

Damit wird die Konservierung von Textabschnitten und die freie Kombination solcher Abschnitte zu neuen Briefen, Gutachten oder Stellungnahmen ermöglicht.

8.6 CIM Computer integrated manufacturing – die informationelle Unterstütztung des Produktionsbereiches

In jedem Fertigungsbetrieb wird die Produktion in irgendeiner Form vorgeplant und geregelt. Im Einmann-Handwerksbetrieb geht das ohne schriftliche Aufzeichnungen, der Meister kann sich alle wesentlichen Gesichtspunkte merken und für den Mitarbeiter einen Ablauf festlegen. Bei größeren Unternehmungen sind ganze Abteilungen mit der Produktionsplanung beschäftigt. Prinzipiell sind die gleichen Aufgaben zu bewältigen, auch wenn dies im einen Fall durch kurze Überlegung auszudenken und zu behalten ist, während im anderen Fall bis heute selbst bei Einsatz von Datenverarbeitungsanlagen nur selten befriedigende Lösungen gefunden werden, um alle Angaben sowie im Betrieb entstehende Informationen berücksichtigen und schnell genug auswerten zu können.

Die Effektivität vieler Kleinstbetriebe ist sicher durch Anstrengungen bei der Produktionsregelung noch zu verbessern. Da jedoch in diesen Betrieben der Chef für derartige Aufgaben allein zuständig ist und er die Vorgehensweise absolut bestimmt, gibt es dafür kaum generelle Konzepte. In den größeren Betrieben muß jedoch ein Verfahren festgelegt sein, nach dem sich alle mit der Einplanung und Ausführung von Aufträgen Beschäftigten richten. Welcher Aufwand getrieben werden muß, um von Seiten der Informationsverarbeitung den Fertigungsablauf zu unterstützen, hängt sehr stark von der Struktur des betrachteten Unternehmens ab. Besonders kompliziert ist die Fertigungsunterstützung in Betrieben mit auftragsbezogener Einzelfertigung, während in Unternehmen der Massenfertigung die Organisation des Fertigungsablaufes im wesentlichen darauf beschränkt bleibt, einerseits zum richtigen Zeitpunkt die notwendigen Materialien zur Verfügung zu stellen, was aber über Erfahrungswerte relativ leicht geregelt werden kann, und andererseits die Arbeitsplätze durch entsprechend eingeschulte Arbeitskräfte besetzt zu halten. Bei einer Massenproduktion mit Flußfertigung liegt also die organisatorische Problematik zeitlich vor dem Fertigungsbeginn. Die Einrichtung des gesamten Unternehmens, die Abstimmung der einzelnen Arbeitsaufgaben an den hintereinander liegenden Arbeitsplätzen in etwa zeitgleiche Abschnitte und die gesamte Transportlogistik der Materialien durch das Unternehmen stellen ein großes, aber einmalig zu lösendes, Problem dar. Bei wechselnden Fertigungsanforderungen durch unterschiedliche Kundenaufträge und eine hohe Produktvielfalt bleibt das Problem der Fertigungsorganisation jedoch kontinuierlich erhalten und nur durch eine Analyse der in den einzelnen Aufträgen enthaltenen Anforderungen der Kunden und die Verteilung der für die einzelnen Aufträge zu fertigenden Einzelteile, Baugruppen und Endmontagen auf die Fertigungseinrichtung kann eine sinnvolle, gleichmäßige Auslastung der Arbeitsplätze erreicht werden. Diesen Unternehmen gilt daher das Hauptaugenmerk der computerunterstützten Produktionsabwicklung.

Der gesamte Komplex »Produktionsregelung« kann im wesentlichen in drei Bereiche gegliedert werden, die in jedem derartigen Betrieb in irgendeiner Form anzutreffen sind. Auch wenn die Begriffe variieren, umfassen die drei Aufgabenbereiche im wesentlichen die gleichen Elemente.

Die Materialwirtschaft umfaßt die Beschaffung und Lagerbuchführung aller für die Produktion benötigter Teile (Grundstoffe, Hilfsstoffe, Baugruppen, Fertigprodukte) und während des Fertigungsprozesses verbrauchter Betriebsstoffe. Auch die Erzeugnisse sind hier als »Material« geführt und ihre termingerechte Fertigstellung und Lagerung gehören zum Dispositionsbereich der Materialwirtschaft. Genauso wird die Versorgung des Ersatzteilwesens zur Materialwirtschaft gezählt.

Die Kapazitätswirtschaft ordnet aufgrund der von der Materialwirtschaft ermittelten Bedarfsmengen und Zeiträume den einzelnen Arbeitsplätzen die Arbeitspläne mit den entsprechenden Stückzahlen zu und untersucht die dabei auftretende Kapazitätsbelastung pro Arbeitsplatz. Bleibt die Belastung unter der 100 %-Linie, so kann der Fertigungsauftrag ordnungsgemäß abgewickelt werden; wird jedoch die Kapazität eines oder mehrerer Arbeitsplätze überschritten, ergeben sich zwangsläufig Engpässe und es müssen entweder alternative Fertigungsmöglichkeiten gefunden werden, oder über Prioritätsregeln werden bestimmte Aufträge hintangestellt.

Die Terminwirtschaft schließlich versucht, wenn sich aufgrund der Gesamtabwicklungszeiten eines Auftrags und dem Wunschliefertermin Unvereinbarkeiten ergeben oder, wenn aufgrund von Kapazitätsengpässen Verzögerungen aufgetreten sind, diese auszugleichen und durch Reduktion der Durchlaufzeiten bestimmter Aufträge auf den kritischen Arbeitsplätzen bzw. durch überlapptes Arbeiten an mehreren Arbeitsplätzen für einen Auftrag diese Zeitprobleme auszugleichen.

Alle drei Funktionsbereiche sind im Grunde eng miteinander verzahnt und sollten idealerweise simultan bearbeitet und gelöst werden. Die computerunterstützte Produktionsregelung hat bisher jedoch im wesentlichen Verfahren eingesetzt, die eine sukzessive Abarbeitung der Aufgabenstellung vorsehen und die damit ganz sicher nicht zu einer wirklich idealen Lösung des Produktionsproblems kommen können. Aufgrund der hohen Teilezahl, deren Verknüpfung untereinander zu Baugruppen und Endprodukten, der Vielfalt von Arbeitsplätzen und Arbeitsplänen, der zeitlichen Verknüpfung von Fertigungsaufträgen untereinander und zu verschiedenen Kundenaufträgen ist es bisher nicht gelungen, ein Programm zu entwickeln, das eine gleichzeitige Lösung aller Anforderungen an die ideale Produktionsprogrammplanung geleistet hätte. Die klassischen Konzeptionen gehen davon aus, daß ein entsprechend großer Rechner (abhängig vom Produktionsprogramm des Unternehmens) alle die genannten Bereiche und ihre Teilfunktionen hintereinander abarbeitet und damit den verschiedenen Betriebsbereichen im Sinne von Listen oder Bildschirminhalten die Übersichten zur Verfügung stellt. Mit steigender Anforderung an die Aktualität ging man dazu über, diese Planungsläufe arbeitstäglich durchzuführen, was bei dem enormen Rechenaufwand und der Datenfülle nur durch sogenannte Nachtläufe möglich war. Man hat damit zumindest tagesaktuell die Belastung der einzelnen Arbeitsplätze und die Warteschlangen von Aufträgen vor den einzelnen Arbeitsplätzen bzw. die Anforderungen in der Materialversorgung aufgezeigt. Konzeptionell stößt dieser Ansatz jedoch damit an seine Grenzen. Weitere Überlegungen werden z. Zt. angestellt in Richtung auf eine Dezentralisierung der gesamten Fertigungsunterstützung. Von einem Rechner soll die Auftragsbearbeitung im Sinne der Kundenaufträge und der Materialvordisposition vorgenommen werden; entsprechend der Fertigungsstruktur sollen dann andere Rechner die für ihren Dispositionsbereich notwendigen Daten überstellt bekommen, die sie dann ausschließlich im Hinblick auf ihren Funktionsbereich weiter auflösen und bearbeiten. Auch wenn hier außerordentlich viele Versprechungen der Datenverarbeitungshersteller und Softwareunternehmen gemacht werden, so gibt es doch z. Zt. kein funktionsfähiges System, das die genannten Anforderungen in einer wirklich durchgreifenden Art lösen würde. Es ist davon auszugehen, daß erst mit zunehmender Erfahrung über die Vernetzungsmöglichkeiten von Rechnern und einer gleichzeitigen Anpassung der gesamten Konzepte zur Produktionsunterstützung Ende der 80er Jahre grundsätzlich neue konzeptionelle Lösungen angeboten werden. In den nachfolgenden Abschnitten sind einige Funktionen von Produktionsregelungssystemen skizziert, die grundsätzlich immer notwendig sind und nur je nach Struktur und Art des Gesamtsystems mit verschiedenen Methoden gelöst und verknüpft werden.

8.6.1 Stücklistenverwaltung

Stücklisten sind Verzeichnisse der Teile, Materialien bzw. Baugruppen, die bei der Fertigung in ein Endprodukt eingehen. Die Stückliste ist damit die Grundlage für die Ermittlung des Bedarfs an allen Materialien für ein Erzeugnis und entsprechend für den Gesamtbedarf des Produktionsprogramms. Abhängig von der Struktur der Stückliste kann sie auch Aussagen über die Reihenfolge des Fertigungsablaufes und damit die zeitliche Abwicklung liefern. Es gibt je nach Anforderung verschiedene Ausprägungsformen von Stücklisten, die jedoch datenverarbeitungsmäßig in der Regel immer über sogenannte Baukastenstrukturstücklisten gespeichert werden. Aus diesen Baukastenstrukturstücklisten können die verschiedenen Darstellungsformen maschinell abgeleitet werden. Damit sind alle stücklistenmäßigen Anforderungen eines Unternehmens mit nur einer Speicherungsform abzudecken.

Mengenübersichtsstücklisten sind Verzeichnisse, die alle in einem Erzeugnis enthaltenen Teile mit den entsprechenden Mengenangaben ausweisen.

Strukturstücklisten weisen ebenfalls alle Einzelteile und Baugruppen aus, die ein Erzeugnis enthält, zeigen dabei jedoch auch deren fertigungsbedingte strukturelle Beziehung auf. Damit wird der Produktionsablauf des betreffenden Erzeugnisses abgebildet.

Teileverwendungsnachweise zählen auch zu den Stücklisten. Sie zeigen nicht ausgehend vom Erzeugnis alle in dieses Erzeugnis eingehenden Teile auf, sondern weisen umgekehrt die Verwendung einzelner Teile in den verschiedenen Erzeugnissen nach. Sie entsprechen daher eher den Mengenübersichtsstücklisten, da sie keine Fertigungsstruktur abbilden. Sie haben ihre große Bedeutung in der Analyse der Auswirkungen von Preissteigerungen oder Lieferausfällen von einzelnen Teilen, da nur mit ihrer Hilfe festgestellt werden kann, in welche verschiedenen Baugruppen bzw. Endprodukte diese Teile eingehen. Darüber hinaus unterstützen sie die Konstruktion, da es mit den Teileverwendungsnachweisen möglich wird zu untersuchen, ob bestimmte Teile in bestimmten Erzeugnisbereichen bereits Verwendung finden und damit die Aufnahme dieser Teile in eine Neukonstruktion unbedenklich ist, oder ob die Aufnahme weiterer Teile zu einer erhöhten Teilevielfalt führt.

Variantenstücklisten dienen der Übersicht bei Erzeugnissen, die sich im Grunde aus vielen gemeinsamen Teilen zusammensetzen und nur durch wenige Einzelteile unterscheiden. Durch die Auflistung der Zusatz- und Abzugsteile, die eine Variante auszeichnen, kann sehr leicht der Unterschied zum Erzeugnisgrundtyp deutlich gemacht werden.

8.6.2 Arbeitspläne

Arbeitspläne beschreiben die Arbeitsabläufe, mit denen in einem Betrieb die Erzeugnisse bzw. Baugruppen gefertigt werden. Dazu muß jeder Arbeitsplan ausweisen,

WAS	(Sachnummer des Erzeugnisses),
WO	(Arbeitsplatznummer),
WORAUS	(Materialschlüssel),
WOMIT	(Werkzeuge),
WIE	(Textbeschreibung des Arbeitsganges) und
WIELANGE	(Zeitangabe für Rüsten, Übergang und Fertigung)

bearbeitet werden muß. In der Regel besteht ein Arbeitsplan aus der Beschreibung mehrerer Einzelarbeitsgänge, für die jeweils die genannten Informationen geführt werden müssen, sofern sie von Arbeitsgang zu Arbeitsgang variieren.

Insbesondere die Zeitangaben werden bei guten Arbeitsplänen sehr differenziert aufgenommen, da man Vorbereitungszeiten von echten Arbeitszeiten unterscheiden muß und darüber hinaus noch Angaben benötigt, inwieweit unter gewissen Voraussetzungen die genannten Zeiten verkürzt werden können. Dies ist für die Terminwirtschaft von außerordentlicher Bedeutung, da nur durch Ausnutzung von Spielräumen ein Verzug in der zeitlichen Abwicklung einer Auftragsbearbeitung wieder ausgeglichen werden kann.

8.6.3 Arbeitsplatzverwaltung

Zur maschinellen Einplanung der Fertigungsaufträge auf einzelne Arbeitsplätze gehört die Speicherung der wesentlichen Kenndaten der Arbeitsplätze im Computer. Neben Angaben, die darüber Auskunft geben, inwieweit ein Arbeitsplatz unabhängig als Einzelarbeitsplatz zur Verfügung steht oder zu einer Gruppe von anderen Arbeitsplätzen gehört, muß für jeden die kurzfristige und langfristige Kapazität geführt werden. Die Kapazitätsangaben werden in Stunden bemessen, da bei der laufend wechselnden Fertigung nicht Stückzahlen von Teilen angegeben werden können. Umgekehrt stehen dann in den Arbeitsplänen der Teile ebenfalls nur Stückzeiten, so daß aus dem Zeitbedarf und dem Zeitkapazitätsangebot die Arbeitsplatzbelegung ermittelt werden kann. Neben den Kapazitätsangaben sind Hinweise auf die Dauer des

Rüstens und die Arbeitsgeschwindigkeit eines Arbeitsplatzes im Verhältnis zu ähnlichen anderen Arbeitsplätzen anzugeben.

8.6.4 Fertigungsauftragsverwaltung

Aus den Kundenaufträgen resultiert der Bedarf an Endprodukten. Über die Stücklistenauflösung ergibt sich aus der Zahl und den Terminen der Endprodukte der Bedarf an Baugruppen, Einzelteilen und Rohstoffen. Für alle Baugruppen und Enzelteile, die im eigenen Unternehmen gefertigt werden, sind Fertigungsaufträge zu erstellen. Für die fremd zu beziehenden Aufträge werden im Rahmen der Materialwirtschaft Bestellvorschläge ausgewiesen. Die Fertigungsaufträge sind alle untereinander verknüpft. Die Baugruppen benötigen die vorher zu fertigenden Einzelteile und da in der Regel die Fertigung in größeren Losen kostengünstiger abgewickelt werden kann, müssen die Bedarfe an Einzelteilen aus verschiedenen Kundenaufträgen zusammengezogen und daraus abzuleitende Fertigungsaufträge überführt werden.

8.6.5 Terminierungsrechnung

Aus der Gesamtverwaltung der zu fertigenden Aufträge, der Arbeitspläne, der Arbeitsplätze und der Dringlichkeit der Kundenaufträge ergibt sich das Problem der Terminfestsetzung für die einzelnen Fertigungsschritte. Im Rahmen der Terminwirtschaft ist festzulegen

VON WANN	(Fertigungsbeginn),
BIS WANN	(gewünschter Verfügbarkeitstermin),
WOMIT	(verfügbares Material),
WO	(Arbeitsplatz) und
WAS	(Teil- und Stückzahlbeschreibung)

gefertigt werden soll.

Im Rahmen der Terminwirtschaft wird versucht, die Betriebsmittel günstig auszulasten und gleichzeitig eine hohe Termintreue bei den Kundenaufträgen zu erreichen. Daraus ergeben sich folgende Zielsetzungen:

- günstigste Gesamtauslastung aller Fertigungskapazitäten,
- geringste Fertigungskosten,
- kurze Durchlaufzeiten und
- Termineinhaltung der Erzeugnisfertigstellung.

Die Ziele divergieren und das Unternehmen kann nur ein ausgeglichenes Gesamtergebnis anstreben. Dies wird bei den z. Zt. üblichen Systemen zur Fertigungsunterstützung insbesondere durch die Vorgabe von Prioritätsregeln erreicht, die jedoch Zwangscharakter haben und nicht unmittelbar ein Ziel wie günstigste Gesamtkosten oder Gewinnmaximierung realisieren lassen.

Die Aktualität der Terminierungsrechnung kann dadurch verbessert werden, daß Informationen über die Auftragsabwicklung, d. h. den Fertigungsfortschritt, nicht in Form von Rückmeldebelegen mit relativ großem Zeitverzug in den Computer gelangen, sondern daß mit sogenannten Betriebsdatenerfassungsgeräten Stückzahlwerte von Maschinen oder von Kontrollarbeitsplätzen oder von Lagerentnahmen unmittelbar an den Verarbeitungsrechner übertragen werden, sodaß verzugsfrei mit den neuesten betrieblichen Informationen gearbeitet werden kann. Die Einführung solcher Betriebsdatenerfassungsgeräte birgt jedoch nicht nur technische Probleme sondern auch arbeitspolitische, da sich gerade in größeren Betrieben die Gewerkschaften häufig vehement gegen dieses Instrumentarium wenden, da sie damit eine Überprüfung der Arbeitsgeschwindigkeit der Mitarbeiter verbunden sehen. Es muß daher in aller Regel eine Betriebsvereinbarung über den Einsatz von sogenannten »On-Line« Datenerfassungsgeräten geschlossen werden, die über eine Leitung dem Computer unmittelbar vom Arbeitsplatz aus Meldungen über den Fertigungsfortschritt liefern.

8.7 CIB – Computer integrated bureau

Das Kürzel CIB hat noch keine sehr große Verbreitung gefunden. Ein konkurrierendes Schlagwort, das ebenfalls den Computereinsatz im Büro charakterisieren soll nennt sich Bürokommunikation. Auch mit »papierloses Büro« wird der Endzustand der Bürocomputerisierung gekennzeichnet.

Die begriffliche Unsicherheit beweist nur, daß sich hier ein Anwendungsgebiet für die herkömmliche Datenverarbeitung entwickelt, bei dem noch ziemlich offen steht, welche Aufgaben charakteristisch von der maschinellen Informationsverarbeitung übernommen werden und welche Hilfsmittel zur Verbesserung des Informationsflusses in Unternehmen Anklang finden. Tatsache ist, daß in den vergangenen Jahrzehnten im Fertigungsbereich durch Rationalisierungsmaßnahmen erhebliche Produktivitätsfortschritte erzielt worden sind, die trotz elektrischer Schreibmaschinen, Diktiergeräten und Korrekturverfahren im Bürobereich auch nicht annähernd erreicht werden. Es zeichnet sich daher als logische Konsequenz ab, daß Computer, nachdem sie in eine Preiskategorie abgesunken sind, die der von Schreibmaschinen durchaus vergleichbar ist, im Bürobereich als individuelle Arbeitsgeräte für Einzelpersonen eingesetzt werden können und gleichzeitig mit der sich entwickelnden Kommunikationstechnik die Informationsübertragungsaufgaben in Verwaltungen mit übernehmen. Wie im Abschnitt 8.5 (Textverarbeitung) bereits erläutert, kann mit Hilfe eines Computers die Texterstellung wesentlich vereinfacht werden, weil unnötige Zweitabschriften aus Korrekturgründen entfallen. Hierin liegt jedoch sicher nicht der wesentliche Effekt eines Computereinsatzes im Bürobereich.

Der Computer hat sich von der Datenverarbeitungsanlage zum Informationssystem weiterentwickelt. Die Einführung eines solchen Informationssystems ist aber in einer Betriebsorganisation nicht einfach durch Ausstattung der Arbeitsplätze mit zusätzlichem Gerät (im wesentlichen Bildschirm) zu erreichen, sondern die Arbeitsabläufe müssen dem neuen Hilfsmittel angepaßt werden. Viele Verwaltungsaufgaben werden heute vorgangsorientiert abgearbeitet. Wie ein Fossil aus den Zeiten des Taylorismus hat sich im Büro die Aufgabenzerlegung erhalten, die ursprünglich bei den damaligen Kenntnisständen der Mitarbeiterschaft für den Fertigungsbereich durchaus sinnvoll angesetzt war. So läuft ein Vorgang heute von Sachbearbeiter zu Sachbearbeiter, um an jedem Arbeitsplatz ein Stückchen weiter verfeinert zu werden, bis er schließlich über viele Mitarbeiterplätze und damit Abläufe hinweg zu einem Abschluß gelangt. Während jedoch die Weitergabe oder der automatische Weitertransport von Werkstücken auf Fließbändern an jeden Arbeitsplatz in der Kette der Fertigungsabwicklung das Werkstück positionsgünstig heranführt, so daß dort mit der Bearbeitung unmittelbar begonnen werden kann, ist der Transport der Akten durch eine Behörde zwar auch ein gut eingespielter Vorgang, der jedoch bei jedem Sachbearbeiter, der den Vorgang erhält, zunächst eine Einarbeitungsphase auslöst. Je mehr Sachbearbeiter folglich in einer Büroumgebung einen bestimmten Vorgang unter sich aufteilen, um so mehr Einarbeitungsphasen werden – im Prinzip unnötig – dafür verbraucht, daß jeder Sachbearbeiter sich in den Vorgang eindenken kann. Sinnvoller wäre hier eine Fallorientierung der Bearbeitung, die sich dadurch auszeichnet, daß ein Sachbearbeiter einen »Vorgang« über alle Bearbeitungsstufen hinweg betreut und zum Abschluß bringt. Dies erscheint nur dann effizient möglich, wenn der einzelne Sachbearbeiter für seine damit wesentlich anspruchsvoller werdende Tätigkeit mehr Informationen zur Verfügung gestellt bekommt, um alle Elemente eines Vorganges richtig beurteilen zu können.

Erst ein computergestütztes Informationssystem kann aber alle Mitarbeiter in die Lage versetzen, für die Abwägung aller Einzelschritte eines komplexeren Sachverhaltes die notwendigen Informationen zur Verfügung zu haben. Der Computer wird hier nicht als Hilfsmittel zur maschinellen Abarbeitung eines Vorganges gesehen, sondern als Einrichtung zur wissensmäßigen Unterstützung der Mitarbeiter, die damit auf alle verbundenen Vorgänge oder archivierte Erfahrungswerte zugreifen können, um den jeweils gerade betreuten neuen Vorgang beurteilen zu können.

Zu einem System der Bürokommunikation gehören damit nicht nur Bildschirmgeräte, sondern auch Einrichtungen zur Weitergabe von Informationen an andere Mitarbeiter sowie Verfahren zur gezielten Ablage von Angaben, die für andere Arbeitsprozesse wieder benötigt werden und damit schnell auffindbar zu archivieren. Die Anwendung der maschinellen Informationsverarbeitung hat viele Facetten, wie aus der tabellarischen Übersicht in Abbildung 13 deutlich wird. Ziel der Bürokommunikation kann damit nicht allein die Verdrängung des Papiers als Organisationsmittel sein, sondern es besteht in der jeweils adäquaten Unterstützung der verschiedenen Vorgänge, die sich im Bürobereich im Sinne der Übertragung von Informationen an andere Mitarbeiter ergeben.

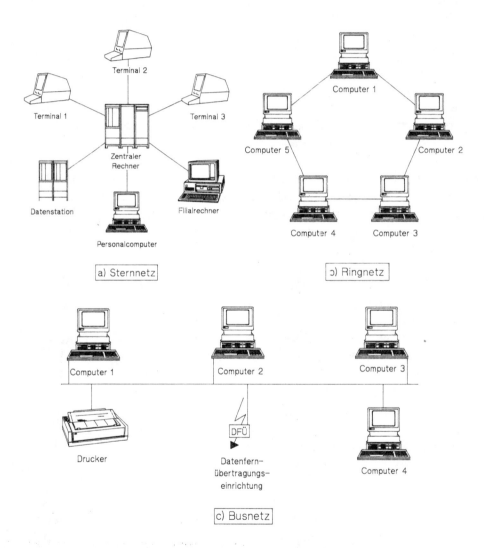

Abb. 12: Strukturelle Formen von Computerverbundnetzen

Neben den neuen Übertragungstechniken (vgl. Kap. 4) gibt es mehrere Verfahren, die als wesentliche Elemente der Bürokommunikation angesehen werden: electronic mail, business grafic, künstliche Intelligenz, Expertensysteme, speech filing, Tabellenkalkulation, Sprachanmerkung oder Dokumentenretrieval. Jeder dieser Begriffe steht für ein Verfahren, das erst in den letzten Jahren entwickelt wurde und schon für sich genommen eine bemerkenswerte Leistung in der Vereinfachung der im Bürobereich anfallenden Aufgaben darstellt. Dies gilt auch für die Anwendungsmöglichkeiten von Expertensystemen bzw. der künstlichen Intelligenz, auch wenn sie heute noch umstritten sind und in vielen Bereichen sicher zu optimistisch angesehen werden. Hier soll nicht futuristischen Vorstellungen nachgegangen werden, die sich im Begriff »papierloses Büro« manifestieren. Die herkömmliche Technik wird, allein schon wegen der vielfachen Erfahrung die alle im Büro Tätigen damit haben, noch langfristig eingesetzt werden. Aber es zeichnet sich ab, daß die eindeutigen Schwächen der heutigen Vorgehensweise so störend sind, daß viele Unternehmen bereit sind, auch größere Umstellungsschwierigkeiten in Kauf zu nehmen, um die Friktionsverluste der konventionellen Verfahren zu vermeiden. Dazu gehören insbesondere die sogenannten Medienbrüche beim Durchlauf von Informationen innerhalb eines Unternehmens. Dabei werden Mitteilungen von einem auf ein anderes Trägermedium, z. B. von Schrift in Sprache oder von Zeichnung in Text umgesetzt oder auch nur von einem Datenträger auf einen anderen, wie bei der Eingabe von Auftragszahlen in den Computer. Dadurch entstehen im Grunde unnötige Aufwendungen und insbesondere auch Zeitverzögerungen, die sich beim Durchlauf zu erstaunlichen Gesamtzeiten addieren können.

Jedes große Unternehmen hat Schwierigkeiten mit der Postverteilung, so daß die in der Regel in einem Tag innerhalb der Bundesrepublik durch die Bundespost transportierten Briefe dann nochmals einen oder gar zwei Tage benötigen, um von der Poststelle an den richtigen Mitarbeiter weitergegeben zu werden. Andere Probleme ergeben sich bei der Nutzung des am häufigsten gebrauchten Kommunikationsweges zwischen Menschen, nämlich der persönlichen Begegnung. Man hat Schwierigkeiten, den Kollegen im Unternehmen zu treffen, einen Termin zu vereinbaren, diesen dann auch einzuhalten oder ihn auch nur am Telefon zu erreichen.

8.7.1 Bürokommunikationstechniken

Obwohl der Begriff Bürokommunikation heute bereits als umfassende Bezeichnung für die gesamte Büroautomation benutzt wird, hat er sich zunächst als Oberbegriff für verschiedene technische Verfahren der Übertragung von Nachrichten innerhalb von Unternehmen und Behörden entwickelt, dann auf Such- und Ablageverfahren ausgedehnt und erst vor ganz kurzer Zeit die Rolle des umfassenden Grundbegriffes übernommen. Je nach Aufgabenbereich wird die Bürokommunikation unterschiedliche technische Verfahren nutzen. Die wesentlichsten Möglichkeiten werden hier dargestellt.

8.7.1.1 Electronic Mail

»Elektronische Post« ist die Übersetzung für das älteste Verfahren der elektronischen Bürokommunikation. Gemeint ist damit das Versenden von Nachrichten von einem Bildschirmarbeitsplatz an einen anderen. Dieser Nachrichtenversand bedingt, daß seine Teilnehmer über entsprechende Terminalstationen verfügen, die über ein lokales Netz oder in modernerer Ausführung über die Telefonnebenstellenanlage (ISDN) miteinander verbunden sind. Der Vorteil der elektronischen Post liegt primär nicht in den eingesparten Wegen und den daraus resultierenden Zeitvorteilen, denn die elektronische Post kann und soll nicht die persönliche Begegnung oder das Gespräch über das Telefon ersetzen. Aufgrund vieler Untersuchungen ist bekannt, daß Menschen am meisten die direkte persönliche Kommunikation bevorzugen und nur wenn diese wegen der Entfernung oder aus zeitlichen Gründen nicht realisiert werden kann, zum Telefon greifen; die schriftliche Kommunikation rangiert erst deutlich an dritter Stelle. Da Electronic Mail auch eine Form der schriftlichen Kommunikation ist, denn ihre Nachrichten müssen über die Tastatur eingegeben und auf der anderen Seite gelesen werden, gründet sich ihre, insbesondere in großen Unternehmen, doch erstaunliche Resonanz auf einen anderen Faktor, der sie ganz besonders auszeichnet. Die von Bildschirm zu Bildschirm übertragenen Meldungen verlangen nicht die gleichzeitige Anwesenheit beider »Gesprächspartner«. Nachrichten können abgesandt und im »Briefkasten« des Empfängers bis auf Abruf gespeichert werden. Dieser kann dann auf gleiche Weise seinem Kommunikationspartner eine Nachricht zurücksenden. Die Anwesenheit der Mitglieder des Managements in einem Unternehmen an ihrem direkten Arbeitsplatz liegt häufig bei unter 50 % der Arbeitszeit. Es ist folglich außerordentlich schwierig, ein Telefongespräch durchzuschalten oder gar zu einem persönlichen Gespräch zusammenzufinden. Die elektronische Post erlaubt hier eine sehr schnelle und sichere Nachrichtenübermittlung, die vom betroffenen Personenkreis außerordentlich positiv aufgenommen wird.

8.7.1.2 Speech Filing

Vor zwei Jahren noch eine Sensation, sind die Telefonsprachspeichersysteme heute zur begehrten Ergänzung einer Telefonnebenstellenanlage geworden. Sie sind in der Lage, telefonisch eingehende Nachrichten für den Empfänger zu speichern und diesem auf Wunsch, die gespeicherten Mitteilungen auch an andere Telefonapparate weiterzugeben. Vom Grundansatz durchaus einem Telefonanrufbeantworter verwandt, gehen die Sprachspeichersysteme jedoch über dessen Funktionen weit hinaus. Alle Nachrichten werden digital abgelegt und mit zusätzlichen Steuerzeichen gespeichert. Diese Steuerzeichen erlauben es dem Empfänger der Nachrichten aus der vielleicht großen Fülle von eingegangenen Anmerkungen ganz bestimmte anzuhören, die beispielsweise von ausgewählten Telefonapparaten an ihn gesandt wurden. Außerdem kann er durch gezielte Abfrage in mehrere Nachrichten hineinhören, ohne sich jeweils den gesamten Gesprächsablauf vorspielen lassen zu müssen. Der Abruf kann auch von weit entfernten Telefonen aus gesteuert werden, indem entweder ein entsprechendes Tastenwahltelefon oder eine kleine Zusatzbox in Größe eines Taschenrechners verwendet wird, die auf Tastendruck in das benutzte Telefongerät definierte Tonsignale abgibt, die von der Steuereinheit interpretiert werden können.

Die Sprachspeichersysteme haben gegenüber der Electronic Mail ganz sicher einen Bequemlichkeitsvorteil, da der Nachrichtenversender seine Mitteilungen nicht einzutippen braucht. Bezüglich der Verteilung von Nachrichten sind sie gleich geartet. Auch hier ist eine Aussendung an eine größere Zahl von Empfängern möglich, ohne daß die Nachricht mehrfach eingegeben werden muß. Während aber ein über Electronic Mail versandter Auftrag oder allgemeiner Wortlaut als schriftliche Bestätigung aufbewahrt werden kann und damit eine hohe Rechtskraft hat, gilt dies für Sprachspeicherungssysteme nicht.

8.7.1.3 Sprachanmerkungen

Das im obigen Abschnitt beschriebene Verfahren der digitalen Sprachspeicherung ermöglicht es auch im Rahmen von Textverarbeitungssystemen Änderungswünsche oder Korrekturen anstatt in Form schriftlicher Vorgaben auch durch gesprochene Anmerkungen in den Text einzufügen. In einem entsprechend organisierten Büro läuft der Dialog bei der Brieferstellung zwischen Sekretärin und Chef etwa wie folgt. Nach einem Diktat wird ein Text von der Sekretärin mit Hilfe eines bildschirmorientierten Textverarbeitungssystems eingegeben. Der Chef kann sich den oder die Texte, die bereits geschrieben sind, jederzeit auf seinem Bildschirm ansehen und überprüfen. Alle Änderungswünsche spricht er über ein an sein Bildschirmgerät angeschlossenes Mikrofon in einen digitalen Sprachspeicher, der die Anmerkungen genau an die gewünschten Stellen der Texte verknüpft. Die Sekretärin kann dann jederzeit die Texte auf dem Bildschirm reproduzieren und sich dazu die gesprochenen Anmerkungen anhören und die gewünschten Korrekturen vornehmen.

8.7.1.4 Dokumentenretrieval

Ein Großteil der Büroarbeitszeit wird durch das Ablegen und Suchen von Mitteilungen aufgebraucht. Insbesondere in Abteilungen, die nicht sehr einfach nach Funktionen gliederbar sind, ist die Ablage von Mitteilungen außerordentlich schwierig. Während der Buchhalter seine Debitoren und Kreditoren in entsprechenden Ordnern geführt hat und alle diesbezüglichen Mitteilungen an eine wohl definierte Stelle ablegen und damit auch wiederfinden kann, ist dies in einem Chefbüro oder einer Stabsabteilung nicht möglich.

Sowohl für Dokumente, die in klassischer Form auf Papier ankommen und auch entsprechend in Akten abgelegt werden, als auch für neuartige Dokumente, die in Form von elektronischen Medien wie Telex, Telefax, Electronic Mail oder Sprachanmerkungen in die Abteilung gelangen, gibt es die Möglichkeit, durch ein Retrievalsystem sehr schnell und elegant alle Suchprozesse abzuwickeln.

Ein solches System findet nach Eingabe der gewünschten Suchbegriffe alle Dokumente, auf die diese Suchbegriffe zutreffen und zeigt zunächst deren Gesamtzahl an. Ist dem Rechercheur die Zahl der gefundenen Dokumente noch zu hoch, weil er erkennt, daß seine Fragestellung damit zu unspezifisch war, so wird er durch zusätzliche Suchbegriffe (Deskriptoren) den gewünschten Vorgang bzw. das Dokument näher präzisieren. Bei elektronisch gespeicherten Dokumenten kann ihm das System dann das oder die gewünschten Dokumente direkt am Bildschirm anzeigen oder bei konventionell gespeicherten Unterlagen ihm deren Standort nachweisen.

8.7.1.5 Künstliche Intelligenz und Expertensysteme

Wissensbasierte Systeme ist der treffendere aber gleichzeitig auch weniger attraktive Begriff für die neue Entwicklung im Rahmen der elektronischen Informationsverarbeitung, die über das reine algorithmische Festlegen von Abläufen durch Programme hinausgeht und das maschinelle System die im Laufe der Zeit an ihm vorbeilaufenden Vorgänge beobachten und Erkenntnisse daraus ableiten läßt. Damit wird zwar ein spektakulärer Prozeß eingeleitet, der die maschinelle Unterstützung der Informationsverarbeitung insbesondere im Bürobereich auf eine ganz neue Grundlage stellt, aber es lohnt keinesfalls über die vorhandene oder nicht vorhandene Intelligenz von Computersystemen aufgrund dieser Entwicklungen nachzudenken. Schließlich ist der Begriff künstliche Intelligenz nicht viel mehr als eine falsche Übersetzung aus dem Amerikanischen, in dem artificial intelligence auch soviel bedeutet wie Auskunfts- bzw. Nachrichtensystem (der CIA ist sicher auch nicht die zentrale Intelligenzbehörde).

Trotz der jetzt auf einem viel verständlicherem Niveau anzustellenden Überlegungen muß betont werden, daß die neuen wissensbasierten Systeme in ihrer Leistungsfähigkeit wesentlich über den althergebrachten Ansätzen liegen. So kann eine derartige Maschine beispielsweise das Verhalten bestimmter Lieferanten bezüglich ihrer vorherigen Lieferzusagen beobachten und auf Anfrage dem Besteller entsprechende Auskünfte erteilen. In einem Postverteilungssystem kann durch die Wissensbasierung beispielsweise die »Erfahrung«, daß Briefe mit bestimmten Inhalten immer an dieselben Abteilungen weitergeleitet werden, dazu führen, daß künftig beim Vorliegen eines gleichen Sachverhaltes von der Maschine selbständig die Weiterleitung entschieden werden kann.

8.7.1.6 Tabellenkalkulation

»Spread sheet« war das Modewort, das neben der Textverarbeitung jeden Personalcomputer-Benutzer zum Datenverarbeitungs-Experten aufsteigen lassen sollte. Die im Deutschen als Tabellenkalkulationsprogramme bezeichneten Softwarepakete konnten in ihren ersten Ausführungsversionen entsprechend der Namensgebung größere Tabellen verwalten und ermöglichten durch die Eingabe von Abhängigkeiten zwischen den Spalten der Tabelle den Aufbau von Kalkulationsschemata. Schnell wurde jedoch erkannt, daß man mit dieser tabellarischen Darstellung weit mehr

Probleme bearbeiten kann. Es kam zu einer Weiterentwicklung der Programmpakete zu Integrationssystemen, die Datenverwaltung, Textverarbeitung, Verfahren der deskriptiven Statistik und die Tabellenkalkulation miteinander verbinden sollten. Es hat einige Jahre gedauert, bis wirklich ausgereifte Verfahren angeboten wurden. Heute gibt es mehrere Systeme, die es tatsächlich ermöglichen, Zahlenwerte, die man in einer Tabelle ermittelt hat, so zu speichern, daß sie für verschiedene Auswertungen wieder zur Verfügung stehen, daß sie in mit dem gleichen Programmsystem erstellte und gespeicherte Texte übernommen werden können und daß die Werte schließlich auch die Grundlage für graphische Übersichten bilden, die in Form von Torten-, Kreis- oder Balkendiagrammen automatisch erzeugt werden können.

Diese Entwicklung zu benutzerfreundlichen Systemen, die ohne Einarbeitung in mehrere ganz verschiedene Programmsysteme auch den Datenaustausch zwischen solchen unabhängigen Verarbeitungsschritten erlauben, ist fraglos den Personalcomputerherstellern und den auf diesem Markt tätigen Softwarehäusern zu verdanken. Im Großrechnerbereich werden erst ganz langsam solche Ansätze nachvollzogen und damit entsteht auch dort allmählich eine benutzerfreundliche Bedienungsoberfläche.

Auch wenn man die Leistung von Tabellenkalkulationsprogrammen einerseits und Auswertungsprogrammen auf Großrechnern andererseits kaum vergleichen kann, ist die Entwicklung zu benutzerfreundlichen Großsystemen sehr zu begrüßen. Der Leistungsunterschied ist in mehreren Faktoren begründet, wovon der wichtigste in der störungsfreien Mehrfachbenutzung desselben Programms und derselben Daten durch verschiedene Terminals zu sehen ist.

Selbst wenn in Einzelfällen ein neues technisches Verfahren eine konkrete Problemsituation aufzulösen hilft und zu einer eleganten Lösung führt, können jedoch die grundsätzlichen Probleme der Informationsverarbeitung und Informationsweiterleitung im Büro nur durch eine Gesamtkonzeption gelöst werden. Sonst bleiben die Techniken isolierte Hilfsmittel, die u. U. sogar an anderen Stellen weitere Medienbrüche und Zusatzaufwendungen verursachen und damit ihre Vorteile nur an anderen eventuell

PROGRAMM-EBENE	Funktionsorientierte Anwendungsprogramme		
FUNK-TIONS-EBENE	Sprachspeichern	Textinterpret.	Zeichnungserst.
	Sprachanmerkung	Textausgabe	Darstellen
	Sprach-Editing	Textspeichern	Bildberechnen
	Sprach-Mailing	Elektron. Post	Mustererkennen
	Vermittlungssystem	Textscannen	Bildscannen
STEUERUNGS-EBENE	VORGANGSSTEUERUNGSSYSTEM		
BEREICHS-EBENE	Sprach-Kommunikation	Text-Kommunikation	Graphik-Kommunikation
ÜBERTRA-GUNGS-EBENE	KOMMUNIKATIONSTECHNIK (ISO-SCHICHTEN)		

Abb. 13: Schichtenmodell der Bürokommunikation

nicht so gut sichtbaren Stellen wieder aufzehren. Nur ein integriertes Konzept der gesamten Informationsverteilung, Informationsweiterleitung und Informationsverarbeitung für die Bürowelt kann hier eine grundstäzliche Abhilfe schaffen.

Auch wenn diese Zukunft noch nicht begonnen hat – entgegen allen Versprechungen der Hersteller von Computern sind solche Systeme als integrierte Lösung noch nicht einsatzreif – sollte man sich in der Unternehmensleitung über die Entwicklung im klaren sein, damit nicht wieder ähnliche Fehler, wie bei der Einführung der Datenverarbeitung, gemacht werden. In der Vorbereitung für diese Entwicklung muß ein Konzept angestrebt werden, das die Verarbeitung von Daten im Sinne der bisherigen Computeranwendung unmittelbar mit der Verarbeitung von Informationen im Sinne der bisherigen Kommunikationstechnik verbindet. Im Grunde handelt es sich dabei um dieselbe Sache. Im ersten Fall werden die als Daten bezeichneten Informationen nur in größerer Menge gesammelt, aufbewahrt und nach logischen bzw. mathematischen Gesichtspunkten ausgewertet, im zweiten Fall werden Daten als Informationen bezeichnet, die sporadisch auftreten und nur durch eine Einzelfallbearbeitung ausgewertet werden können.

Die Verwandschaft zwischen den beiden Aufgabenstellungen wurde spätestens beim Übergang von der Batch- zur Dialog-Verarbeitung deutlich. Denn auch dort wurde die Verarbeitung von Massendaten zugunsten einer Unterstützung des Bearbeiters bei der Lösung eines Einzelproblems aufgegeben.

8.7.2 Integration von Bürokommunikation und Datenverarbeitung

An einigen Beispielen soll hier verdeutlicht werden, wie die Verbindung von Bürokommunikation und Datenverarbeitung in Unternehmen die dispositiven und verwaltenden Aufgaben unterstützen kann. Wesentlich ist bei allen beschriebenen Anwendungsfällen, daß die im Unternehmen verfügbaren und benötigten Informationen mehrfach verwendet werden können und durch ihre Darstellung innerhalb von elektronischen Speichermedien jederzeit an allen Arbeitsplätzen bereitgestellt werden können.

Beispiele für die Aufgabenlösung bei Einbindung der Datenverarbeitung in die Bürokommunikation:

- Umarbeitung eines Angebotes
  Soll in einem Unternehmen auf telefonische Anfrage hin der inhaltliche Umfang eines einige Zeit vorher schriftlich abgege-

benen Angebotes modifiziert werden, so benötigt der entsprechende Sachbearbeiter für die telefonische Verhandlung sowohl die aktuellen Preise, als auch das abgegebene Angebot und die Hinweise zum Nachvollzug der damaligen Preisbildung. Bei einem integrierten Bürokommunikationssystem kann er die Bestandteile des alten Angebots und dessen Preisfindungsprozeß aus entsprechenden Archivdateien aufrufen und sich dazu aus dem Bereich der laufenden Geschäftsabwicklung die aktuelle Preisliste dazuladen. Mit der sogenannten Mehrfenstertechnik ist es möglich, beide Informationen unabhängig voneinander in getrennten Bildschirmausschnitten (Fenstern) zu bearbeiten. Die beim Telefongespräch mit dem Kunden vereinbarten Änderungen des Angebotes werden unmittelbar eingegeben und können dann als Vorgaben für die erneute Angebotserstellung bzw. Auftragsbestätigung genutzt werden. Nach Warenauslieferung wird selbstverständlich aus demselben Datenbestand die Rechnung erstellt.

- Lagerhüterverkauf
  Die aus der Lagerbewirtschaftung gewonnenen Informationen über Restbestände können direkt für die Erstellung von Sonderangebotshinweisen genutzt werden. Die Adressen für ein Anschreiben an die Kundenfirmen können nach verschiedenen Kriterien in Abhängigkeit von den Lagerwaren aus der Kundenstammdatei herausgefiltert werden.

- Preislistenfortschreibung
  Die Pflege von Preislisten, auch mit erläuternden Skizzen der angebotenen Teile, kann durch Verknüpfung der jeweils aktuellen Preisdatei mit einer graphisch aufbereiteten Bild- und Textdatei der auszugebenden Preisliste fortgeschrieben werden. Ist in die Konfiguration für die Bürokommunikation auch ein graphikfähiger Drucker (z. B. Laserdrucker) eingebunden, so kann eine fertige Vorlage für die Vervielfältigung ausgegeben werden.

Abb. 14: Multifunktionaler Büroarbeitsplatz (Triumph-Adler-Werkbild)

8.8 Übungen und Testaufgaben zum achten Lehrabschnitt

1. Welche Funktionsbereiche eines Unternehmens können häufig problemlos mit Standardsoftware unterstützt werden?

	ja	nein
Finanzbuchhaltung	☐	☐
Lohn- und Gehaltsabrechnung	☐	☐
Vertrieb	☐	☐
Auftragsbearbeitung	☐	☐
Textverarbeitung	☐	☐

2. Erstellen Sie durch den Eintrag der entsprechenden Nummern ein Datenflußmodell für ein Fertigungsunternehmen.

1 Finanzbuchhaltung	☐
2 Materialbewirtschaftung	☐
3 Vertrieb	☐
4 Auftragsbearbeitung	☐
5 Terminierungsrechnung	☐
6 Fakturierung	☐
7 Betriebsdatenerfassung	☐
8 Fertigungsauftragsvorgabe	☐

☐ → ☐ → ☐ → ☐ → ☐ → ☐ → ☐ → ☐

3. Sind die folgenden Verfahren für die Bürokommunikation innerhalb eines Unternehmensstandortes geeignet?

	ja	nein
Local Area Network (LAN)	☐	☐
Bildschirmtext	☐	☐
Integrated Services Digital Network (ISDN)	☐	☐
Electronic Mail	☐	☐
Teletex	☐	☐

4. Sind die folgenden Verfahren für die Kommunikation zwischen verschiedenen Unternehmen geeignet?

	ja	nein
Datex-P	☐	☐
Integrated Services Digital Network (ISDN)	☐	☐
Speech Filing	☐	☐
Sprachanmerkung	☐	☐

Neunter Lehrabschnitt:

9. Datenschutz
WIE werden personenbezogene Daten ordnungsmäßig verarbeitet

Begriffe, die sich aus einem Wort und dem Ausdruck »schutz« zusammensetzen, werden in der deutschen Sprache sehr unterschiedlich interpretiert. Während der Nässeschutz ganz sicher ein Schutz vor Nässe darstellen soll, bietet ein Versicherungsschutz einen Schutz durch die Versicherung. Bei dieser Sachlage ist es nicht verwunderlich, daß der neumodische Begriff »Datenschutz« auf die verschiedensten Weisen interpretiert wird und Folgewirkungen zeigt.

Durch die gesetzlichen Regelungen ist andererseits die Aufgabe des Datenschutzes klar definiert als Schutz des Bürgers vor dem Mißbrauch von Daten, die sich auf seine Person beziehen. Ausgehend von dieser noch recht klaren Aufgabenstellung wird die Ausgestaltung der dazu notwendigen Regeln und Vorschriften sehr stark davon bestimmt, was als »schutzwürdige Belange« der betroffenen Bürger anzusehen ist. Seit 1978 gibt es das Bundesdatenschutzgesetz und etwa genau so lange verschiedene Landesdatenschutzgesetze. Seitdem wird auch schon die Diskussion um eine Änderung der Gesetzesvorschriften geführt, da sie je nach Standpunkt zu starke oder zu geringen Einschränkungen in der Verarbeitung personenbezogener Daten verursachen. Der Zusammenhang ist politisch hoch brisant und kann kaum nach objektiven Kriterien entschieden werden.

Einerseits hat jeder Bürger das Recht auf Leben und körperliche Unversehrtheit, wie es Art. 2 Abs. 2 des Grundgesetzes garantiert. Andererseits ergibt sich für den Staat und seine einzelnen Organe durch die ihm übertragenen Aufgaben insbesondere im Bereich der sozialen Sicherung ein Informationsbedürfnis, das sich mit den

Individualgrundrechten der einzelnen Gesellschaftsmitglieder schneidet. Desweiteren haben auch private Institutionen, die am Markt tätig sind und dort auch im Sinne einer gesamtwirtschaftlichen Nutzenmaximierung sowohl Arbeitsplätze als auch Produkte anbieten, einen Bedarf an personenbezogenen Informationen, da die Unternehmen insbesondere im Konsumgüterbereich mit den Bürgern direkt kontaktieren.

Das im Rahmen der Auseinandersetzungen um die Volkszählung vom Bundesverfassungsgericht festgestellte »Recht auf informationelle Selbstbestimmung« hat, ohne irgendeinen Sachverhalt eindeutig zu regeln, dazu geführt, daß erneut eine Verunsicherung bezüglich der Rechtmäßigkeit der Verarbeitung von personenbezogenen Daten sowohl in der Industrie als auch bei den Behörden aufgetreten ist und sogar die bisher gültigen gesetzlichen Regelungen bei Bund und Ländern einem Änderungsdruck unterliegen.

Hier können deshalb nur die grundsätzlichen Strukturen der Datenschutzvorschriften und -maßnahmen herausgearbeitet werden, um ein besseres Verständnis der auch künftig zu erwartenden Interpretationssprünge zu ermöglichen.

9.1 Datensicherung und Datenschutz

Datensicherung ist, wie bereits in voranstehenden Kapiteln erwähnt, die Aufgabe, die Daten selbst vor Verlust und Verfälschung zu bewahren. Dazu gibt es verschiedene technische Verfahren, wobei das Erstellen von Duplikaten und deren gesonderte Aufbewahrung eine herausragende Rolle spielen. Datensicherung bezieht sich auf alle Arten von maschinell gespeicherten Informationen, d. h. auf Umsatzzahlen, auf Verfahrensangaben, die ggf. sogar als Betriebsgeheimnis gelten, auf Konstruktionsunterlagen und eben auch auf Mitarbeiter-, Kunden-, Lieferanten- und im öffentlichen Bereich Bürgerdaten. Die eindeutige Abgrenzung der Begriffe Datenschutz und Datensicherung ist schwierig.

Durch die Abbildung 15 wird die Überschneidung der Aufgabenbereiche verdeutlicht. Die Verfahren der Datensicherung werden sowohl zur Sicherung von personenbezogenen als von nicht-perso-

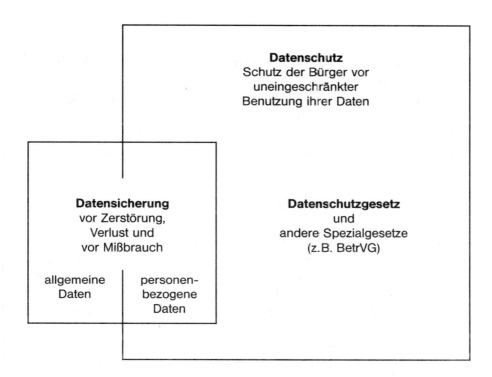

Abb. 15: Begriffsabgrenzung Datenschutz und Datensicherung

nenbezogenen Daten benutzt, denn die datenverarbeitenden Institutionen haben ein ureigenes Interesse an der Sicherung aller für ihre Aufgabenabwicklung notwendigen Informationen vor Verlust, Verfälschung und Mißbrauch. Ob ein bestimmtes Verfahren folglich dem Datenschutz zugerechnet werden kann oder nicht, hängt davon ab, ob es zum Schutz personenbezogener Daten eingesetzt wird. Die gesetzlichen Regelungen und auch die damit verbundenen Verfahrensvorschriften fordern kein spezielles Sicherungsverfahren oder eine besondere Technik. Verlangt wird nur eine Sicherungswirkung unabhängig davon, wie diese erreicht wird.

9.2 Bundesdatenschutzgesetz

Das Bundesdatenschutzgesetz erstreckt sich sowohl auf die öffentliche Verwaltung (Bundesbehörden), als auch auf die Privatwirtschaft. Es umfaßt sowohl die Anwendung der elektronischen Datenverarbeitung, als auch konventionelle Verfahren zur Speicherung und Verarbeitung von personenbezogenen Informationen. Entsprechend ist das Gesetz gegliedert.

9.2.1 Allgemeine Vorschriften

Zu den allgemeinen Vorschriften gehört die Definition vieler vorher im juristischen Bereich nicht üblicher Begriffe, wie Datei, Datenverarbeitung und personenbezogene Daten. Es werden vier Rechte für die betroffenen Bürger herausgearbeitet, die ihn in die Lage versetzen sollen, den Schutz »seiner« Daten sicherzustellen und zu überprüfen.

Das *Auskunftsrecht* verpflichtet jede speichernde Stelle dem Betroffenen die über ihn gespeicherten Daten mitzuteilen.

Das *Berichtigungsrecht* verpflichtet jede speichernde Stelle falsche Informationen auf Verlagen des Betroffenen zu korrigieren.

Das *Sperrungsrecht* erlaubt es dem Betroffenen zu verlangen, daß seine Daten, wenn sich weder deren Richtigkeit noch deren Unrichtigkeit feststellen läßt, für eine weitere Verarbeitung gesperrt bleiben.

Mit dem *Löschungsrecht* kann ein Betroffener durchsetzen, daß alle Daten gelöscht werden, deren Speicherung unzulässig war, oder für die früher erfüllte Voraussetzungen für die Speicherung weggefallen sind.

Im ersten Abschnitt des Gesetzes wird auch verlangt, daß technische und organisatorische Maßnahmen getroffen werden, um bestimmte Anforderungen zur Gewährleistung des Datenschutzes zu erfüllen. Dabei handelt es sich im wesentlichen um Kontrollen
des Zu- und Abgangs aus Räumen, in denen Datenverarbeitungseinrichtungen aufgestellt sind,
der Speicher, in denen personenbezogene Daten geführt werden,

der Benutzer, die über Datenübertragungseinrichtungen Einblick in Datenbestände nehmen können,
der Zugriffe auf einzelne Datenfelder,
der Adressaten von übertragenen Daten,
der Personen, die Daten in einen Speicher eingegeben haben,
der Weisungsbefolgung der ausführenden datenverarbeitenden Stellen,
der Transporteinrichtungen für Datenträger und schließlich
der Organisationsstruktur zur Sicherung des Datenschutzes.

Da alle Maßnahmen aber in einem adäquaten Verhältnis zur Schutzwürdigkeit der gespeicherten Daten stehen sollen, ist die Ausgestaltung der Kontrollmaßnahmen im einzelnen vollkommen offen.

9.2.2 Behördendatenverarbeitung

Behörden (hier: des Bundes) dürfen Informationen über Personen immer dann speichern und verarbeiten, wenn diese für die Erfüllung der den Behörden gesetzlich übertragenen Aufgaben notwendig sind. In gleicher Weise ist auch die Erlaubnis zur Übertragung und Weitergabe von personenbezogenen Daten geregelt. Für die gesamte personenbezogene Datenverarbeitung bei Bundesbehörden ist als Kontrollinstanz der Bundesbeauftragte für den Datenschutz eingesetzt, der insbesondere dafür zu sorgen hat, daß alle in seinen Zuständigkeitsbereich fallenden Institutionen jährlich auflisten, welche Angaben sie über welche Personengruppen speichern. Aus dieser Liste, die im Bundesanzeiger veröffentlicht wird, kann der Bürger evtl. erahnen, bei welchen Einrichtungen Daten über ihn geführt werden und durch sein Auskunftsrecht ist ihm Einblick in diese Informationen möglich.

9.2.3 Geschäftsbetriebsbedingte Datenverarbeitung

Der dritte Abschnitt des Bundesdatenschutzgesetzes gilt für die meisten privatwirtschaftlichen Einrichtungen, die personenbezogene Daten verarbeiten. Ausgeklammert sind nur die Unternehmen, deren Geschäftszweck es ist, mit personenbezogenen Daten zu arbeiten (vgl. Abschnitt 9.2.4).

Unter der Einschränkung, daß schutzwürdige Belange der Betroffenen nicht beeinträchtigt werden dürfen, ist das Speichern und Verarbeiten sowie die Weitergabe von personenbezogenen Daten im Rahmen von Vertragsverhältnissen oder entsprechenden Vertrauensverhältnissen mit den Betroffenen erlaubt. Dies gilt auch, soweit es zur Wahrung der berechtigten Interessen der speichernden Unternehmung erforderlich ist. Auch hier bleibt die Problematik der Abwägung schutzwürdiger Belange der Betroffenen bestehen.

Darüber hinaus dürfen in eingeschränkter Form auch Daten von Personen in Listenform weitergegeben werden, wenn dies nicht mit dem Geschäftszweck des Unternehmens in Verbindung steht. Als Pendant zu den allgemeinen Rechten der Betroffenen gilt hier, daß die Datenverarbeiter die entsprechenden Pflichten wie Auskunft, Berichtigung etc. zu erfüllen haben.

Zur Sicherstellung des Datenschutzrechtes im Unternehmen muß ein Datenschutzbeauftragter bestellt werden, wenn mehr als vier Arbeitnehmer ständig mit der automatisierten personenbezogenen Datenverarbeitung oder mehr als neunzehn mit der manuellen personenbezogenen Datenverarbeitung beschäftigt sind. Der Datenschutzbeauftragte hat eine Übersicht über die im Unternehmen gespeicherten personenbezogenen Daten zu führen und aufzulisten, für welche Aufgaben diese Daten benötigt werden. Er hat auch die ordnungsgemäße Anwendung der Datenverarbeitungsprogramme zu kontrollieren und die betroffenen Mitarbeiter über die Anforderungen des Datenschutzrechtes zu belehren. Nach Bundesdatenschutzgesetz erhält eine durch jeweiliges Landesgesetz zu bestimmende Aufsichtsbehörde das Recht, im Einzelfall Überprüfungen und Kontrollen bei Unternehmen durchzuführen, die personenbezogene Datenverarbeitung betreiben. Dies kann sich insbesondere ergeben, wenn ein Betroffener, dessen Daten im Unternehmen gespeichert sind, Unkorrektheiten bei der personenbezogenen Datenverarbeitung behauptet. Je nach Bundesland ist die Struktur und Vorgehensweise der Aufsichtsbehörde sehr unterschiedlich geregelt und auch die Verpflichtung zur Übernahme der Kosten für das Tätigwerden der Behörde ist verschieden ausgestaltet.

9.2.4 Geschäftsmäßige Datenverarbeitung

Wenn ein Unternehmen mit personenbezogenen Daten geschäftsmäßig umgeht, d. h. im Sinne einer Auskunftei personenbezogene Daten sammelt und verkauft oder im Sinne eines Dienstleistungsrechenzentrums personenbezogene Daten für andere Unternehmen im Auftrag verarbeitet oder im Sinne eines Markt- und Meinungsforschungsinstitutes personenbezogene Daten erhebt, anonymisiert und dann auswertet, so unterliegt es dem vierten Abschnitt. Alle hier zusammengefaßten Unternehmen haben in jedem Fall einen Datenschutzbeauftragten zu bestellen und ihre Tätigkeit bei der Aufsichtsbehörde unter Angabe der verwendeten maschinellen Einrichtungen anzumelden. Auch für die in diesem Bereich gespeicherten Daten hat der Betroffene die ihm durch den ersten Gesetzesabschnitt zugebilligten Rechte. Im einzelnen sind die Ausführungsbestimmungen jedoch für diesen Bereich besonders heikel, da hier beim »Handel mit personenbezogenen Daten« eine spezielle Gefährdung der berechtigten Interessen der Betroffenen gesehen wird.

Auch wenn die hier auferlegten Erschwernisse und Verpflichtungen bei der Verarbeitung personenbezogener Daten nur eine kleine Zahl von Unternehmen treffen, so hat dies doch für die gesamte Wirtschaft deutliche Wirkungen, da die Vergabe von Krediten und die Aufnahme bzw. Ausgestaltung von Geschäftsbeziehungen stark von der Kenntnis über die Bonität der Geschäftspartner abhängt und diese nur über den geschäftsmäßigen Datenhandel festzustellen ist.

9.3 Alibi Datenschutz

Das bisher gültige Datenschutzrecht in der Bundesrepublik schränkt die Verarbeitung personenbezogener Daten im Grunde nur an wenigen Stellen eindeutig ein. Sehr häufig wird jedoch unter Nennung der Datenschutzregelung die Weitergabe von personenbezogenen Daten abgelehnt. Dies geschieht teilweise aus Unkenntnis und damit verbunden allgemeiner Furcht vor möglichen Konsequenzen, zum großen Teil jedoch schlicht aus Bequemlichkeit, die durch eine derartig feine Ausrede doch sehr unterstützt wird. In einer arbeitsteiligen Wirtschaft insbesondere bei der Sozialstruktur, die wir in der Bundesrepublik pflegen, ist jedoch ein Datenaustausch und eine Speicherung auch von personenbezogenen Angaben notwendig. Leider gibt es hier jedoch sehr verschrobene Ansichten und einige Bürger sind auch kaum davon abzubringen, daß sie für »ihre« Daten einen Eigentumsanspruch mit der entsprechenden Verfügungsgewalt hätten. Vielleicht ist die besondere Sensibilität unserer Bevölkerung nur geschichtlich zu interpretieren; in anderen Ländern wird die Datenschutzproblematik jedenfalls nicht so vehement diskutiert.

Das Bundesdatenschutzgesetz konnte nicht auf vieljährige Erfahrung mit einer gesetzgeberischen Regelung aufgebaut werden. Es ist daher hochwahrscheinlich, daß sich aufgrund der Erfahrungen im Umgang mit den Regelungen ein Wunsch auf Anpassung an die realen Gegebenheiten ergibt. Auf Basis der generellen Regelungen, die durch Rechtsprechung sehr unterschiedlich interpretiert werden können, haben sich viele Unsicherheiten ergeben, was sich in der enormen Zahl von Kommentaren zum Bundesdatenschutzgesetz niederschlägt. Es ist zu hoffen, daß sich der Gesetzgeber bei eventuellen Änderungen hier zu klareren und damit einfacher zu handhabenden Vorschriften durchringt.

Sehr häufig wird gar nicht beachtet, daß das Datenschutzrecht nur »Auffangcharakter« hat. Dies bedeutet, daß die vielen weitergehenden Vorschriften (wie Betriebsverfassungsgesetz) gar nicht entsprechend beachtet und gewürdigt werden. So stehen dem Arbeitnehmer viel weitergehende Möglichkeiten offen, die Verarbeitung seiner Daten im Unternehmen zu beeinflussen, als es das allgemeine Datenschutzrecht ermöglichen könnte. Nur in den Bereichen, in denen keine andere gesetzliche Regelung existiert, greift das Datenschutzgesetz.

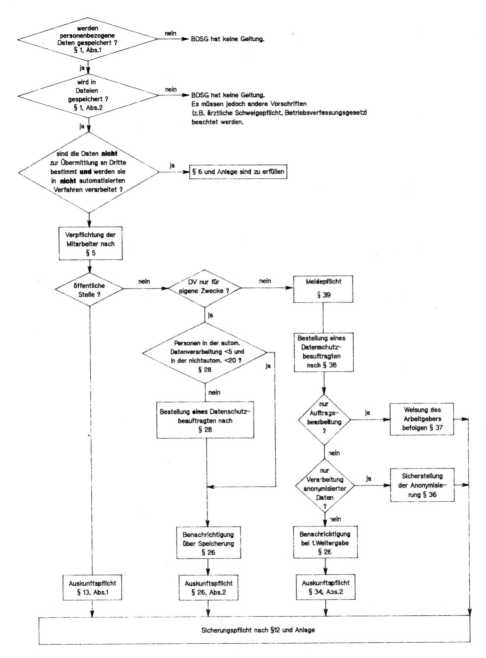

Abb. 16: Kurzleitfaden durch das Bundesdatenschutzgesetz

Um die Transparenz über die beachtenswerten Punkte des Bundesdatenschutzgesetzes zu erhöhen, kann die in Abbildung 16 dargestellte Ablaufskizze dienen. Der Vergleich mit den dort aufgeführten Fragestellungen ergibt Hinweise auf die zu beachtenden Vorschriften und die Zugehörigkeit zu den passenden Abschnitten des Gesetzes.

9.4 Übungen und Testaufgaben zum neunten Lehrabschnitt

1. Von welchen Kriterien ist die Verpflichtung zur Bestellung eines Datenschutzbeauftragten abhängig?

	ja	nein
Unternehmensgröße (Umsatz)	☐	☐
Zahl der Mitarbeiter	☐	☐
Größe der Datenverarbeitungsanlage	☐	☐
Mitarbeiterzahl bei personenbezogener Datenverarbeitung	☐	☐
Geschäftszweck des Unternehmens	☐	☐
Datenfernübertragung im Unternehmen	☐	☐
Mitarbeiterzahl bei automatisierter Verarbeitung personenbezogener Daten	☐	☐
Geheimhaltungspflichtiges Produktspektrum	☐	☐

2. Welche Verpflichtungen hat ein Unternehmen, das personenbezogene Daten verarbeitet, gegenüber den Betroffenen?

	ja	nein
Unaufgeforderte Übersendung der jeweils geführten personenbezogenen Daten an die Betroffenen	☐	☐
Explizite Benachrichtigung über die Tatsache, daß personenbezogene Daten über den Betroffenen gespeichert sind	☐	☐

Implizite Benachrichtigung über die Tatsache, daß personenbezogene Daten über den Betroffenen gespeichert sind	☐	☐
Änderung der geführten personenbezogenen Daten auf Wunsch des Betroffenen	☐	☐
Sperrung personenbezogener Daten auf Wunsch des Betroffenen	☐	☐
Sperrung personenbezogener Daten bei nicht aufklärbaren Sachverhalten	☐	☐

10. Antworten und Erläuterungen zu den Übungen und Testaufgaben

10.0 Lösungen zum Eingangstest

1 Finanzbuchhaltung, Lohn- und Gehaltsabrechnung, Auftragsbearbeitung, Materialbewirtschaftung/Lagerverwaltung, Fertigungsunterstützung bzw. Warenwirtschaft.

2 Hardwarepreisreduktion in erheblichem Umfang,
Verfügbarkeit großer, ausgereifter Standardprogrammpakete,
Dialogorientierung,
Verknüpfung von Daten- und Textverarbeitung sowie Kommunikation.

3 Programmentwicklung /Nein

 Maschinenbedienung (Operating) /Nein

 Datenfernübertragung /Nein

 Codierung /Nein

 Systemanalysen /Nein

4 Ziel des Aufbaus maschineller Informationssysteme ist die vollständige und integrierte Bearbeitung aller Informationsauf-

gaben eines Betriebes. Dies bedingt in aller Regel Änderungen in der organisatorischen Abwicklung. Zwar kann die isolierte Unterstützung eines betrieblichen Funktionsbereiches durch maschinelle Informationsverarbeitung auch wirtschaftlich positive Wirkungen auslösen, die entscheidenden Vorteile liegen jedoch in den Integrationseffekten des Gesamtsystems. Vermeidung mehrfacher Datenerfassung, Vereinfachung vieler Bearbeitungsschritte, Reduzierung der Durchlaufzeit von Informationsflüssen, quantitativ und qualitativ verbesserte Informationen für die betrieblichen Entscheidungen.

5 Die Verarbeitung personenbezogener Daten bestimmbarer natürlicher Personen.

6 Electronic mail, Textverarbeitung, Graphik, Tabellenkalkulation, Verbindung zu programmgestützten Aufgaben.

7 Trotz der Entwicklung verschiedener Verfahren und Methoden zur Softwareerstellung haben sich noch keine Konstruktionsprinzipien durchgesetzt. Es werden noch immer zu grobe und unausgereifte Konzepte als Basis von Entwicklungen benutzt, weil man den hohen Aufwand in der Anfangsphase eines systemanalytischen Prozesses scheut.

8 Die Systeme verschiedener Hersteller sind auf der Hardware- und Betriebssystemebene so unterschiedlich, daß Anwendungsprogrammpakete häufig nicht oder nur mit extremem Aufwand portiert werden können. Die Mitarbeiter sind nach einigen Jahren auf das benutzte System festgelegt, da sie sich sonst wieder neu einarbeiten müßten.

9 Nein, konzeptionell gleich.

10 Nein, heute nicht mehr, da durch Digitalverarbeitung auch Einzelvorgänge sehr gut unterstützt werden.

11 Alle genannten Schlüssel kann ein Computer richtig verarbeiten

4711	ja, uneingeschränkt
311.714.831	ja, wenn sichergestellt ist, daß die Gliederungszeichen (hier Punkte) entweder immer oder nie miteingegeben werden
Franz Müller	ja, wenn im Datenbestand nur eine Person dieses Namens gespeichert ist
A7/Q8	ja, uneingeschränkt

12 Kenntnisse über die Einsatzmöglichkeiten von Computern benötigen im Unternehmen:

	ja	nein
Rechenzentrumsmitarbeiter	☒	☐
Systemanalytiker	☒	☐
Geschäftsleiter	☒	☐

weil er über die Investition entscheiden muß.

10.1 Lösungen zum ersten Lehrabschnitt

1 Es gibt kein einheitliches Identifikationsmerkmal (Schlüsselnummer) für die Bürger der Bundesrepublik.
Erläuterung: Da nur dann die Daten von Personen sinnvoll verknüpft werden können, wenn die Identität der Personen eindeutig geklärt ist, kann nur nach einer aufwendigen Prüfung mehrerer Einzeldaten wie Name, Vorname, Geburtsdatum, Geburtsort mit einer hohen Wahrscheinlichkeit die Identität der Betroffenen vermutet werden. Eine solche Einzelprüfung wäre für den normalen Behördenablauf viel zu aufwendig. Das Fehlen einer bundeseinheitlichen Vereinbarung über die Vergabe eines sogenannten Personenkennzeichens verhindert folglich auch die problemlose Verknüpfung der zu einer Person in mehreren Institutionen geführten Daten.

2 Die höheren Anforderungen bezüglich einer objektorientierten Arbeitsabwicklung können nur durch zusätzliche Unterstützung

des Sachbearbeiters erfüllt werden. Diese Unterstützung basiert in aller Regel auf der zusätzlichen Bereitstellung von Informationen, die für die Sachentscheidung benötigt werden. Die Informationen können auch bei einer verteilten betrieblichen Organisation durch maschinelle Informationsverarbeitungssysteme an jeden Arbeitsplatz über Bildschirmterminals herangebracht werden.
Erläuterung: Verrichtungsorientierte Arbeitsplätze sind auf die Teilausführung einer bestimmten Tätigkeit ausgelegt, wobei sich diese Tätigkeit auf relativ viele Sachvorgänge erstreckt. Bei objektorientierter Bearbeitung werden die Objekte (Vorgänge) vollständig an einem Arbeitsplatz ausgeführt, dies jedoch in einer geringeren Stückzahl. Der Vorteil der objektorientierten Abarbeitung liegt in der Verbesserung der Durchlaufzeitsituation durch Einsparung von Rüstzeiten.

3 Es gibt kaum Kriterien, die eine derartige Abgrenzung eindeutig zulassen; tendenziell sind manuell ausgerichtete Arbeitsplätze weniger betroffen, für die sich auch eine Maschinenunterstützung nicht lohnt.

4 Soweit Daten am Arbeitsplatz verwendet werden, die für andere Teile und Arbeitsplätze des Unternehmens ohne Bedeutung sind.
Erläuterung: Auch bei der Benutzung von Personalcomputern darf der Integrationsgedanke der maschinellen Informationsverarbeitung nicht vernachlässigt werden. Der Einsatz von einzelnen Arbeitsplatzrechnern ist daher nur gerechtfertigt, wenn dort keine Daten aus dem Integrationskreis der betrieblichen Informationsverarbeitung verwendet werden. Ansonsten müssen die Personalcomputer zumindest vernetzt sein.

5 Wie werden Programme heute in Maschinenbefehle umgesetzt?

	ja	nein
Durch einen Codierer	☐	☒
Durch ein Programm	☒	☐
Nicht mehr nötig	☐	☒

10.2 Lösungen zum zweiten Lehrabschnitt

1 Speicherung der Daten- und Programmteile, die gerade bearbeitet werden.
Erläuterung: Das Rechen- und Steuerwerk kann nur die im Hauptspeicher befindlichen Befehle ausführen und dabei nur unmittelbar auf Daten zugreifen, die im Hauptspeicher eingestellt sind.

2 Datenblöcke (Datensätze, physikalisch) werden zwischen Zentraleinheit und Peripherie ausgetauscht.
Erläuterung: Datenblöcke bestehen aus mehreren Datenfeldern. Sie sind in ihrer Länge eindeutig bestimmbar und können damit beim Lesevorgang von allen anderen Datenblöcken isoliert werden. In einem Datenblock können mehrere logische Datensätze gemeinsam gespeichert werden.

3 Die verschiedenen Aufgaben und die dafür entwickelten Programme beanspruchen die Rechner in ganz unterschiedlicher Weise. So können Programme besonders viele arithmetische Operationen enthalten und werden dann natürlich von einem Computertyp besser – insbesondere schneller – abgearbeitet, der ein besonders leistungsfähiges Rechenwerk aufweist. Andere Aufgaben müssen große Datenbestände verwalten, für die ausreichend Platz auf Peripheriegeräten bereitgestellt sein muß. Auch wenn folglich kein prinzipieller Unterschied zwischen den verschiedenen Computern besteht, so muß doch je nach Aufgabenstellung ein adäquates Gerät ausgewählt werden.

4. Welche Konfigurationen können sinnvoll arbeiten?

	ja	nein
Zentraleinheit, Bildschirmarbeitsplatz, Plattenspeicher	☒	☐
Drucker, Plattenspeicher, Zentraleinheit (es fehlt ein Eingabegerät)	☐	☒
Drucker, Eingabegerät, Zentraleinheit (es fehlt ein Speicher)	☐	☒
Plattenspeicher, Drucker, Eingabegerät, Zentraleinheit	☒	☐

5. Welche Zustände kann ein Bit annehmen?
Ein Bit kann zwei verschiedene Zustände annehmen. Diesen Zuständen könnten grundsätzlich beliebige Interpretationen zugeordnet sein; für die duale Arithmetik ist es jedoch zwingend, daß ein Zustand immer als »Null« der andere Zustand immer als »Eins« interpretiert wird.

6 Warum werden mehrere Bits zu Gruppen zusammengefaßt?

	ja	nein
Um größere Zahlen darstellen zu können	☒	☐
Um Buchstaben und Sonderzeichen darstellen zu können	☒	☐
Um Zahlen und Buchstaben unterscheiden zu können	☐	☒

10.3 Lösungen zum dritten Lehrabschnitt

1 Im Hauptspeicher (vgl. die Antwort zu 11.2 N. 1).

2 Die Programmentwicklung mit Hilfe problemorientierter Programmiersprachen ist schneller und damit billiger, als die Entwicklung auf Assemblersprachen. Die Fehlersuche und Pflege der entwickelten Programme wird in höheren Programmiersprachen vereinfacht.
Erläuterung: Da die Hardware heute im Vergleich zum Programmentwicklungsaufwand sehr an Bedeutung eingebüßt hat, nimmt man gerne etwas höhere Anforderungen an den Speicherplatz und die Rechengeschwindigkeit in Kauf, wenn die Programmentwicklung und Pflege dadurch vereinfacht werden können.

3 Es werden drei oder vier Befehle benötigt.
Erläuterung: Die Zahl ist nicht eindeutig bestimmbar, da sie von der Maschinensprache des verwendeten Rechners abhängt. Für

jeden Operator muß ein Befehl erzeugt werden, d. h. hier ein Subtraktions-, ein Multiplikations- und ein Additionsbefehl. Der Zuweisungsoperator (=) kann je nach Maschinensprache entweder mit einem arithmetischen Befehl verknüpft sein oder muß extra ausgewiesen werden. Demnach sind es drei bzw. vier Befehle.

4 Die Entwicklung »nicht-prozeduraler Sprachen« ist noch nicht so weit fortgeschritten, daß diese Sprachen für alle Problemstellungen benutzt werden könnten. Sie sind heute im wesentlichen für Operationen im Bereich der Datenverwaltung, d. h. für das Heraussuchen bestimmter Dateninhalte aus größeren Datenbeständen zu verwenden.

5 Genau wie die Aufgabenstellung vorgibt, muß zuerst eine Einleseoperation erfolgen, die in eine Wiederholungsschleife mit dem Laufzeiger von 1 bis 100 eingebunden sein sollte. Da alle Gehälter auf ein Summenfeld aufzurechnen sind, sollte die Addition der einzelnen Monatsbeträge mit in der Schleife erfolgen. Schließlich wird nach Ausstieg aus der Schleife das Durchschnittsgehalt errechnet, indem das Summenfeld durch 100 (hier die Zahl der Mitarbeiter) dividiert wird. Das im Abschnitt 3.3 gezeigte Cobol-Programm erfüllt etwa die gleiche Aufgabenstellung.

10.4 Lösungen zum vierten Lehrabschnitt

1 Ja, einfacher und billiger.
Erläuterung: Durch den Wegfall der Ausgabe auf Papier können die dafür entstehenden Kosten eingespart und gleichzeitig durch die Korrektur auf dem Bildschirm das mehrfache Komplettlesen des Textes vermieden werden. Außerdem wird die Übertragung der Korrespondenz auf elektronischem Wege billiger sein als das Versenden von Papier.

2 Für den Besteller liegen die Vorteile in der unmittelbaren Auswahl der in BTX angebotenen Produkte und in der Benutzung

der auf dem Bildschirm dafür vorgesehenen Bestellmasken. Dies verursacht mit Sicherheit weniger Aufwand als die Abfassung eines speziellen Bestellschreibens. Gleichzeitig sind die Versandkosten der Bestellung niedriger und der Lieferant kann sofort eine Antwort bezüglich des Liefertermins zurücksenden. Für den Lieferanten liegt der Vorteil in der Vermeidung des hohen Erfassungsaufwandes für telefonisch und brieflich eingegangene Bestellungen in seine eigene Rechenanlage. Für beide Seiten ergibt sich der Vorteil, daß Bestellungen rund um die Uhr abgewickelt werden können, auch wenn beim Lieferanten kein Personal anwesend ist.

3 Telefaxbilder werden elektronisch übertragen und damit ist ihre Ablage in einem Computerspeicher möglich. Allerdings werden die Bilder nur als Folge von Punkten übertragen und auch so abgespeichert. Sie sind nicht interpretierbar, d. h. der Computer weiß nicht, daß er eine bestimmte Folge von Zahlen, Ziffern oder Bildinhalten abgespeichert hat. Er kann nur das Bild aus dem Speicher über ein Ausgabegerät reproduzieren.

4 Auch qualitative Vorteile im Sinne von Abhörsicherheit und Störungsverringerung.

10.5 Lösungen zum fünften Lehrabschnitt

1 Die bisherige Betriebsorganisation baut auf den Geräten und personellen Möglichkeiten (Organisationssachmittel) auf, die konventionell vorhanden sind. Die Nutzung von Computern in einem Informationssystem ermöglicht andere Arbeitsabläufe und bedingt für ihren rationellen Einsatz auch entsprechend andere Abwicklungen. Es ist folglich nicht richtig zu versuchen, die Ablauforganisation unverändert vom konventionellen in den maschinell gestützten Arbeitsablauf zu übertragen.

2 Das Integrationsprinzip verlangt, daß keine Arbeiten mehrfach ausgeführt werden und daß insbesondere einmal eingegebene

Daten für alle Aufgaben, die diese Daten benötigen, zur Verfügung stehen. Das Vollständigkeitsprinzip besagt, daß ein maschinell unterstützbarer Arbeitsablauf in allen Phasen unterstützt werden muß, da sonst unnötige Mehrarbeit entsteht, denn für die nicht maschinell unterstützten Arbeitsschritte ist eine entsprechende Ausgabe von Daten notwendig bzw. beim Weiterarbeiten mit der Maschine eine Eingabe der manuell erzielten Ergebnisse.

3 Wesentliche Gesichtspunkte für den Aufbau eines Anwendungssystems in einem Betrieb liegen in der Erkenntnis der besonderen Abläufe und Probleme des betreffenden Unternehmens. Die Umsetzungsschwierigkeiten sind also nicht in der Technik des Computers und seines Betriebssystems begründet sondern in der vom Betriebsablauf bedingten Arbeitsweise für das Informationssystem. Sowohl bei der Verwendung von Standardprogrammpaketen als auch bei der individuellen Programmentwicklung ist es wichtig, daß der verantwortliche Konzeptersteller Erfahrung in dem betreffenden Aufgabenbereich hat, da er nur so die Besonderheiten des gerade betrachteten Betriebes erkennen kann.

Erläuterung: Es gibt bis heute keine konstruktiven Verfahren, die von der Beschreibung der Problemstellung (Istanalyse) eindeutig zu einer Sollkonzeption führen. Nur die Erfahrung des Entwicklers garantiert eine adäquate Konzeption für die gegebene Aufgabenstellung.

4 Erste Phase: Problemanalyse des Istzustandes und Entwurf einer Sollkonzeption.
  Zweite Phase: Feinkonzeption mit Darstellung der einzelnen Aufgaben mit Kosten- und Entwicklungszeitübersicht.
  Dritte Phase: Detaillierte Ablaufbeschreibung für die verschiedenen Aufgaben. Überprüfung ob Standardprogrammbenutzung möglich oder Individualentwicklung nötig.

Vierte Phase: Programmentwicklung der individuell zu schreibenden Programme bzw. Anpassung der Standardsoftware.
Fünfte Phase: Einführung des Informationssystems in einzelnen Teilabschnitten.
Sechste Phase: Weiterentwicklung und Pflege des Informationssystems.

5 Die Beschreibung der zu programmierenden Aufgabenstellungen in Form von Struktogrammen führt zu entsprechend strukturierten, d. h. in Teilabschnitte gegliederten Programmen, die über ihre Einsatzdauer besser gepflegt und weiterentwickelt können.

10.6 Lösungen zum sechsten Lehrabschnitt

1 Qualität der Anwendungssoftware und Verbreitungsgrad des Betriebssystems, auf dem die Anwendungssoftware läuft.
Erläuterung: Für den Benutzer eines Informationssystems ist die Anwendungssoftware entscheidend, da die Hardware- und Betriebssystemqualität einen allgemein hohen Stand erreicht haben. Für die Sicherstellung einer langfristigen Nutzung des Anwendungsprogrammsystems ist es wichtig zu wissen, ob das Betriebssystem, auf dem die Anwendungssoftware läuft, länger im Markt verbleiben wird oder ob es eine Sonderentwicklung eines einzelnen Herstellers ist.

2 Die Anforderungen der Anwender sind sehr unterschiedlich. Ein Angebot eines Hardware- oder Softwareherstellers kann nur zunächst die Standardanforderungen von Betrieben umfassen. Die Prüfung, ob ein Informationssystem genau den Anforderungen eines Betriebes entspricht, erfordert enorm viel Aufwand und ist letztlich erst nach der Einführung des Systems definitiv abzuschließen.

3 Der Umfang, die Leistungsmerkmale und die Qualität eines Betriebssystems liegen für einen kommerziellen Anwender der

Datenverarbeitung jenseits des interessierenden Betrachtungsbereiches, da er von der Funktionssicherheit des Betriebssystems generell ausgehen kann. Entscheidend ist die Sicherheit, daß das gewählte Betriebssystem auch künftig auf nachfolgenden Hardwaregenerationen zum Einsatz kommt und damit eine Weiterbenutzung der Anwendungsprogramme ermöglicht wird.

4 Prinzipiell gibt man einer Lösung, die auf einem Datenbankverwaltungssystem aufsetzt den Vorzug.
Erläuterung: Weiterentwicklungen, Änderungen und die gesamte Pflege des Systems sind wesentlich einfacher als beim konventionellen Ansatz mit einzelnen Dateien. Es ist auch zu befürchten, daß der Anbieter des Systems selbst in absehbarer Zukunft auf eine Datenbankverwaltung umstellt. Das Nachvollziehen dieser Umstellung beim Anwender bedingt jedoch, da dann die Datenbestände gefüllt sind, einen erheblichen Aufwand.

10.7 Lösungen zum siebten Lehrabschnitt

1 Die Hardware ändert sich durch die technische Fortentwicklung innerhalb weniger Jahre sowohl bezüglich ihrer Leistungsfähigkeit als auch bezüglich ihrer Struktur. Damit geht ein entsprechender Wandel der Betriebssysteme einher. Es ist nicht immer sichergestellt, daß die mit großem Aufwand entwickelten Programme ohne weiteres auf Nachfolgerechnern und Betriebssystemen zum Ablauf gebracht werden können. Außerdem bieten die im Laufe der Zeit entstehenden neuen Rechnersysteme fundamental neue Möglichkeiten (z. B. Entwicklung vom Stapelbetrieb zur Dialogverarbeitung), sodaß es notwendig wird, für die Anwendungsprogramme eine konzeptionell neue Strukturierung zu entwickeln.

2 Natürlich hängt der problemlose Betrieb der Datenverarbeitung in einem Unternehmen auch vom störungsfreien Betrieb der Computer ab; dies gilt aber in gleicher Weise für spezielle Ma-

schinen im Unternehmen. Die besondere Abhängigkeit der Betriebe von der Funktionsfähigkeit ihres Informationsverarbeitungssystems ergibt sich erst aus der hohen Spezialisierung der Mitarbeiter, die im Laufe der Jahre die Besonderheiten der Programmnutzung und betriebsindividuellen Programmanwendung verstehen lernen. Die Hardware wäre ohne weiteres schnell austauschbar. Die Kenntnisse der Betriebsmitarbeiter in Form von spezieller Erfahrung mit dem System im Betrieb und eventuell sogar darauf aufgesetzten Sonderentwicklungen ist nicht schnell ersetzbar.

3 Das Betriebssystem spielt bei der Auswahl eines Computers für einen kommerziellen Anwendungsbereich nur eine untergeordnete Rolle. Die Auswahl sollte bestimmt sein vom Preis-/Leistungsverhältnis der Maschine und insbesondere vom Angebot einer für den gegebenen Bereich funktionsfähigen Anwendungssoftware. Daß darunter ein adäquates Betriebssystem liegen muß, ergibt sich von selbst.

10.8 Lösungen zum achten Lehrabschnitt

1 Folgende Funktionsbereiche eines Unternehmens können häufig problemlos mit Standardsoftware unterstützt werden.

	ja	nein
Finanzbuchhaltung	☒	☐
Lohn- und Gehaltsabrechnung	☒	☐
Vertrieb	☐	☒
Auftragsbearbeitung	☐	☒
Textverarbeitung	☒	☐

2 Erstellen Sie durch den Eintrag der entsprechenden Nummern ein Datenflußmodell für ein Fertigungsunternehmen.
1 Finanzbuchhaltung
2 Materialbewirtschaftung

3 Vertrieb
4 Auftragsbearbeitung
5 Terminierungsrechnung
6 Fakturierung
7 Betriebsdatenerfassung
8 Fertigungsauftragsvorgabe

③→④→②→⑤→⑧→⑦→⑥→①

3 Sind die folgenden Verfahren für die Bürokommunikation innerhalb eines Unternehmensstandortes geeignet?

	ja	nein
Local Area Network (LAN)	☒	☐
Bildschirmtext	☐	☒
Integrated Services Digital Network (ISDN)	☒	☐
Electronic Mail	☒	☐
Teletex	☐	☒

4 Sind die folgenden Verfahren für die Kommunikation zwischen verschiedenen Unternehmen geeignet?

	ja	nein
Datex-P	☒	☐
Integrated Services Digital Network (ISDN)	☒	☐
Speech Filing	☒	☐
Sprachanmerkung	☐	☒

10.9 Lösungen zum neunten Lehrabschnitt

1 Von welchen Kriterien ist die Verpflichtung zur Bestellung eines Datenschutzbeauftragten abhängig?

	ja	nein
Unternehmensgröße (Umsatz)	☐	☒
Zahl der Mitarbeiter	☐	☒

	ja	nein
Größe der Datenverarbeitungsanlage	☐	☒
Mitarbeiterzahl bei personenbezogener Datenverarbeitung	☒	☐
Geschäftszweck des Unternehmens	☒	☐
Datenfernübertragung im Unternehmen	☐	☒
Mitarbeiterzahl bei automatisierter Verarbeitung personenbezogener Daten	☒	☐
Geheimhaltungspflichtiges Produktspektrum	☐	☒

2 Welche Verpflichtungen hat ein Unternehmen, das personenbezogene Daten verarbeitet, gegenüber den Betroffenen?

	ja	nein
Unaufgeforderte Übersendung der jeweils geführten personenbezogenen Daten an die Betroffenen	☐	☒
Explizite Benachrichtigung über die Tatsache, daß personenbezogene Daten über den Betroffenen gespeichert sind	☐	☒
Implizite Benachrichtigung über die Tatsache, daß personenbezogene Daten über den Betroffenen gespeichert sind	☒	☐
Änderung der geführten personenbezogenen Daten auf Wunsch des Betroffenen	☐	☒
Sperrung personenbezogener Daten auf Wunsch des Betroffenen	☐	☒
Sperrung personenbezogener Daten bei nicht aufklärbaren Sachverhalten	☒	☐

Glossarium

ADV	Automatisierte Datenverarbeitung
Akustikkoppler	Gerät zur Übertragung von Daten über das Telefonnetz. Vergleichbar mit → Modem, jedoch besteht hier zwischen Telefonnetz und Computer nur eine akustische Verbindung über den Telefonhörer und keine direkte Verbindung über Leitung.
Alphanumerisch	Zusammenfassung aller Zeichen des lateinischen Alphabets, der dazugehörigen Sonderzeichen und der zehn Ziffern.
Analog	Im Gegensatz zu → digital die Darstellung von Werten mit Hilfe von kontinuierlich veränderbaren Spannungen, Frequenzen bzw. Anzeigegeräten.
Anwendungsprogramm	→ Programm, das eine bestimmte anwendungsorientierte Aufgabe unterstützt.
Arbeitsspeicher	Baugruppe der Zentraleinheit, in der alle Daten bzw. → Befehle während ihrer Verarbeitung gespeichert sein müssen (→ Hauptspeicher).
Auftragszeile	Bezeichnung für eine Position eines Auftrags, d. h. eine Artikelnummer, die in einer bestimmten Stückzahl und ggf. zu einem bestimmten Preis zu einem gewünschten Termin geordert wird.
Bar-Code	(bar engl. = Balken) Darstellung von Ziffern und Buchstaben durch Strichmuster, so daß mit einfachen Geräten (Bar-Code-Leser) die Muster von einem Rechner wieder erkannt werden können.
Batch	(engl. = Stapel) Stapel bzw. Stapelverarbeitung. Alle zur Verarbeitung anstehenden Programme werden hintereinander abgewickelt.
Blasenspeicher	Magnetspeicher, bei dem winzige magnetische Felder auf einem Träger erzeugt und über diesen weitergeschoben werden können, ohne daß dabei eine mechanische Bewegung notwendig ist. Wird in den Größen von → Hauptspeichern angeboten und dient beispiels-

	weise bei transportablen Computern für die Aufbewahrung von Informationen bis zur Übertragung an eine andere externe Einheit.
BTX	Kürzel für → Bildschirmtext.
Befehl	Einzelanweisung an den Computer im Rahmen eines Programms.
Betriebssystem	→ Programm, das die Zusammenarbeit der einzelnen Komponenten eines Computers steuert und gleichzeitig die Abarbeitung eines Anwendungsprogrammes überwacht.
Bewegungsdaten	Daten, die sich durch das Betriebsgeschehen ändern (z. B. Kundenaufträge oder Materialbestände), auch Dispositionsdaten genannt, Gegensatz dazu → Stammdaten.
Bildschirmmaske	Formulardarstellung auf dem Bildschirm. Die Maske steuert die Eingabe von Informationen durch die vorgegebenen Kommentare, die Länge der → Felder ist bestimmt durch den auf der Maske vorgesehenen freien Platz.
Bildschirmtext	Dienst der Bundespost, bei dem Daten über das Telefonnetz übertragen und mit speziell dafür eingerichteten Fernsehgeräten dargestellt werden können. Im Bildschirmtextdienst (BTX) können sowohl Privatpersonen als auch Unternehmen Daten an Mitglieder beider Gruppen übertragen bzw. für diese zur Abfrage vorhalten.
Bit	Kleinste Informationseinheit mit den Ausprägungen 0 und L.
Businessgraphic	Zusammenfassung der charakteristischen Darstellungsformen der deskriptiven Statistik (Stab-, Kreissegment-, Liniendiagramm) zur Verdeutlichung wirtschaftlicher Zusammenhänge; z. B. die Aufteilung des Umsatzes auf verschiedene Produkte.
Byte	Gruppe von 8 Bits, die insgesamt 256 verschiedene Kombinationsmöglichkeiten von 0 und L abbilden kann.
CAD	Computer aided design; Erstellung von technischen Zeichnungen mit Hilfe eines Computers, wobei in der

	Regel zumindest besondere Peripherie für die Eingabe bzw. die genaue Darstellung der Graphiken benötigt wird.
CAM	Computer aided manufacturing; Kurzbegriff für alle Funktionen eines Industriebetriebs, die durch einen Computer unterstützt werden können.
Chip	(engl. = Plättchen), (Kartoffelchip). Computerbauelement, das auf seiner Oberfläche von wenigen Quadratmillimetern viele tausend Funktionsbauelemente im Sinne von Transistoren, Widerständen und Kondensatoren enthält.
Code	Verschlüsselungsvorschrift zur Abbildung von Elementen eines Alphabets in Elemente eines anderen Alphabets. Folge von Zeichen, die in einem für den Menschen nicht üblichen Alphabet dargestellt sind.
Compiler	Übersetzungsprogramm zur Umwandlung von in einer bestimmten Programmiersprache entwickelten Programmen in die maschinenorientierte Sprache.
CP/M	Betriebssystem, das weltweit sehr hohe Verbreitung auf Kleinrechnern (Heimcomputern) gefunden hat.
Cursor	(engl. = Pfeil). Blinkender Strich bzw. blinkendes Feld auf dem Bildschirm; zeigt die Position an, an der das nächste über die Tastatur eingegebene Zeichen dargestellt wird.
CPU	Central Processing Unit; Zentraleinheit, die als Kernstück einer Datenverarbeitungsanlage das Programm abarbeitet und alle Peripheriegeräte steuert. Sie besteht aus → Steuerwerk, → Rechenwerk, → Hauptspeicher.
Datenbank	Größere Sammlung von Informationen die in mehreren Dateien abgelegt sind.
Datenbankverwaltungssystem	Verwaltungsprogramm im Rahmen der Systemsoftware, das die gesamte Organisation und Pflege der Datenbestände aller → Anwendungsprogramme übernimmt.
Datensatz	Alle zu einem Identifikationsmerkmal (z. B. Personalnummer, Teilenummer) gehörenden Datenfelder werden zu einem Datensatz zusammengefaßt und mit

	einem Schreib- bzw. Lesevorgang auf einem externen Speichermedium ausgelagert bzw. wieder gelesen.
Datenschutz	Alle Maßnahmen, die im Sinne der Datenschutzgesetze dafür sorgen, daß personenbezogene Daten nicht mißbräuchlich verarbeitet werden.
Datei	Sammlung von Daten, die ähnlich den Karteikarteneinträgen in gleicher Form strukturiert sind (→ Datensatz) und auf einen Datenträger aufgezeichnet wurden, der maschinell gelesen werden kann.
Datenaustausch	Wechselseitige Übernahme von Daten zwischen verschiedenen Partnern (z. B. Unternehmen–Bank oder Lieferant–Kunde) über → DFÜ oder Postversand von Datenträgern.
Datenendeinrichtung	Spezialbegriff aus dem Bereich der → DFV mit dem alle Geräte zusammengefaßt werden, die nicht für die eigentliche Übertragung notwendig sind (z. B. Bildschirm, Tastatur).
Datenfernübertragung	→ DFÜ
Datenfernverarbeitung	→ DFV
Datensicherung	Kopieren von Datenbeständen auf andere Datenträger zum Zwecke der Sicherungsaufbewahrung (für einen geregelten Datenverarbeitungsbetrieb unverzichtbar).
Datenträger	Medium zum Speichern von Daten (z. B. Magnetband, -platte).
DFÜ	Datenfernübertragung. Über Fernmeldewege der Deutschen Bundespost bzw. im Ausland anderer Postverwaltungen.
DFV	Datenfernverarbeitung unter Einschluß der Datenübertragung im Sinne der → DFÜ.
Dialog	Zusammenarbeit von Computer und Anwender, indem wechselweise Eingaben durch den Benutzer erfolgen bzw. Ergebnisse durch den Rechner angezeigt werden; Alternative dazu → Batch.
Digital	(digitus lat. = Finger) Darstellung von Werten durch einen Code mit diskreten Elementen im Gegensatz zu → analog.

Diskette	Diskette oder Floppy-Disk, magnetisierbarer Datenträger in Plattenform, der wahlfreien Zugriff erlaubt.
Dispositionsdaten	→ Bewegungsdaten
Double density	Doppelte Aufzeichnungsdichte auf Disketten.
Double sided	Disketten, die zweiseitig beschrieben werden.
EDV	Elektronische Datenverarbeitung
Externe Speicher	Speichereinrichtungen wie Magnetplatte, Magnetband ect., die Daten außerhalb des Hauptspeichers in großer Menge und über längere Zeit aufbewahren.
Fehlermeldung	→ Programmeldung
Feld	Element eines → Datensatzes, das wie ein Formularfeld den Eintrag einer Information ermöglicht.
Festplatte	Laufwerk, bei dem die Platte, auf der die Aufzeichnung erfolgt, fest mit dem Laufwerk verbunden ist (Alternative: → Wechselplatte).
Floppy-Disk	→ Diskette
Funktionstasten	Spezielle Tasten einer Bedienungstastatur, deren Betätigung bestimmte durch ein Programm festgelegte Funktionen auslöst (z. B. Programmabbruch oder Anzeige eines erläuternden Textes).
GB	Gigabyte (1.073.741.824 Bytes).
Harddisk	Platte mit fester Oberfläche im Gegensatz zu → Diskette; in der Regel als → Festplatte ausgeführt.
Hardware	Alle Geräte, Komponenten und Einzelteile einer Datenverarbeitungsanlage.
Hardwareschnittstelle	Der Aufbau einer Datenverarbeitungsanlage aus mehreren Komponenten (Zentraleinheit und Peripherie) bedingt die Anschließbarkeit von Zusatzgeräten. Die Definition der physikalischen und logischen Übergangsstelle zwischen zwei Hardwareeinrichtungen wird als Schnittstelle bezeichnet, die Geräte, die sich an das Produkt eines anderen Herstellers direkt anschließen lassen, nennt man steckerkompatibel.
Hauptspeicher	Bestandteil der Zentraleinheit. Speicher in dem Daten und Programme während der Abarbeitungsphase bereitgehalten werden müssen. Heute in aller Regel

	aus Halbleiter-Bauelementen; daher verliert der Speicher seinen Inhalt nach Stromabschaltung. Früher aufgebaut aus kleinen Magnetringen bzw. Kernen, daher der frühere Name Kernspeicher, die den Inhalt auf magnetischer Basis speicherten und auch ohne Strom die Information beibehalten konnten.
Individual-Software	Anwendungsprogramme, die für die besonderen Belange eines Anwenders entwickelt werden im Unterschied zu → Standard-Software.
Implementation	Übernahme eines Programms auf den Rechner, auf dem es ablaufen soll.
Installation	Aufbau der Datenverarbeitungsanlage und/oder Einrichtung der Software beim Anwender.
Interpreter	Übersetzungsprogramm, das die Befehle einer problemorientierten Programmiersprache schrittweise sofort bei der Eingabe übersetzt (interpretiert) und ausführen läßt, so daß der Benutzer sofort die Wirkung (Ergebnis) des Programmschrittes erkennen kann (alternativ dazu → Compiler).
Ist-Analyse	Beschreibung des bestehenden Zustandes einer Organisation im Sinne der Aufbau- und Ablauforganisation und insbesondere des Informationsflusses in einem Unternehmen.
Joystick	Steuerknüppelartiges Bedienungsgerät zur Bewegung des → Cursors über die Bildschirmoberfläche (alternativ dazu → Maus oder → Touch screen).
KB	Kilobyte (1024 Bytes)
Kernspeicher	Heute nicht mehr übliche Form des → Hauptspeichers, die aus magnetischen Ringkernen aufgebaut war.
Kompatibilität	Fähigkeit eines Rechners »B« Programme, die für einen Rechner »A« geschrieben wurden, ohne Änderungen zu verarbeiten.
LAN	Local area network (lokales Netz); Verbindung von mehreren Computern untereinander im Bereich eines Grundstücks, d. h. ohne Einschaltung der Bundespost.
Leistungsumfang	Definition der Funktionen, die eine EDV-Lösung im Zusammenwirken von → Hardware und → Software erreichen muß.

Lesekopf	Spule, die in einem Magnetbandgerät oder einem Plattenspeicher zur Aufzeichnung bzw. Abtastung der Daten dient.
LSI	Large scale integration; weist auf die hohe Packungsdichte von einzelnen Bauelementen auf Chips hin (wird übertroffen von → VLSI).
Maus	Zusatz zur Bedienungstastatur eines Bildschirms mit in der Regel zwei Knöpfen und einem Bewegungssensor. Durch Hin- und Herschieben der Maus wird entsprechend der Bewegungsrichtung der Cursor auf dem Bildschirm bewegt. Durch Tastendruck kann eine Funktion ausgelöst werden.
MB	Megabyte (1.048.576 Bytes)
MDT	Mittlere Datentechnik, Gattungsbegriff für Bürocomputer, die in den 60er und 70er Jahren von Deutschen EDV-Herstellern angeboten wurden; heute nicht mehr gebräuchlich.
Menü	Anzeige von verschiedenen Programmalternativen auf dem Bildschirm, aus denen der Benutzer eine für die weitere Verarbeitung auswählen kann.
MIPS	Million instructions per second; Angabe über die Arbeitsgeschwindigkeit eines Rechners in Millionen Instruktionen pro Sekunde.
Modem	Modulator und Demodulator; Einrichtung zur Übertragung von Daten über das Telefonnetz, wobei die Daten beim Senden zunächst in Töne moduliert und beim Empfänger zurück in Bit-Signale demoduliert werden müssen. Vgl. auch Akustikkoppler.
Modul	Abgegrenzter Teilbereich eines Programms, der zwar nicht selbständig ablaufen kann, jedoch leicht in ein anderes Programm übernommen oder aus dem betrachteten Programm ausgegrenzt werden kann. Modulartig aufgebaute Programme sind besser zu pflegen.
MS-DOS	Microsoft disk operating system. Weit verbreitetes Betriebssystem für Personalcomputer, das auf vielen Rechnern verschiedener Hersteller eingesetzt wird.
Multi-programming	Ein Rechner hat gleichzeitig mehrere Programme im Hauptspeicher geladen und arbeitet sie wechselweise

	ab. Sobald er in einem Programm auf die Reaktion von einem Bildschirmarbeitsplatz oder von einem Peripheriegerät wartet, springt er ins nächste Programm und beginnt dort die Verarbeitung.
Multitasking	Zerlegung von Programmen in einzelne Abschnitte (task) die, wenn es die Logik des Programmaufbaues erlaubt, auch parallel nebeneinanderher vom Rechner abgearbeitet werden können.
OCR-Schrift	Optical caracter reading; Schrift, die durch ihre besondere Ausprägungsform das eindeutige Erkennen für maschinelle Leseeinrichtungen erleichtert.
OEM	Original equipment manufacturer; bezeichnet den Hersteller, der das Gerät ursprünglich produziert hat, auch wenn es unter einem anderen Markennamen vertrieben wird.
Off-Line	Verarbeitung von Daten in einem Erfassungsgerät bzw. einem kleinen unabhängigen Rechner ohne Leitungsverbindung zur Hauptdatenverarbeitungsanlage.
On-Line	Datenverarbeitung in der Regel im Sinne einer Erfassung oder einer Ausgabe von Daten über entsprechende Hilfsgeräte, die direkt über eine Leitung mit der Hauptdatenverarbeitungsanlage verbunden sind.
Output	Jede Form von Ausgabe aus einem Rechner im Sinne einer Ergebnisdarstellung auf Bildschirm, Papier oder einem Datenträger.
PC-DOS	Weit verbreitetes Betriebssystem fast identisch mit MS-DOS, läuft jedoch nur auf den Personalcomputern von IBM.
Peripherie	Alle Geräte im Sinne von Ein- und Ausgabeeinrichtungen, Großspeichern (Magnetband, Platte), Lesegeräten etc., die unmittelbar mit einer Zentraleinheit in Verbindung stehen und damit zur Gesamtdatenverarbeitungsanlage gehören.
Pflichtenheft	Beschreibung aller Leistungen, die eine Datenverarbeitungslösung erbringen muß; es sollte vor Vertragsabschluß aufgestellt werden.

Portabilität	Eigenschaft eines Programmes auf verschiedene Rechnertypen übertragen werden zu können.
Programm	Kombination von Einzelbefehlen der Art, daß durch die Ausführung der Befehle die Datenverarbeitungsanlage den mit dem Programm gewünschten Effekt im Sinne der Verarbeitung von Informationen erzielt.
Programmeldung	Hinweise eines Anwendungs- oder auch Betriebssystemprogrammes an den Anwender bzw. Bediener; häufig im Sinne einer Fehlermeldung.
Programmodul	→ Modul
Programmpaket	Zusammenfassung aller Einzelprogramme, die zur Bearbeitung eines bestimmten Funktionsbereiches notwendig sind (z. B. Programme für Datenersterfassung, Datenpflege und Fortschreibung, Statistik, Fehlerkorrektur und Ausdruck im Rahmen der Materialbewirtschaftung).
PROM	Programmable read only memory; nur Lesespeicher, der einmal mit einer bestimmten Befehlsfolge geladen werden kann.
RAM	Random access memory; Speicher, der einen wahlfreien Zugriff erlaubt, wie jeder → Hauptspeicher.
Real time	Ist-Zeit; bedeutet die sofortige Verarbeitung von eintreffenden Daten.
Rechenwerk	Baugruppe der → Zentraleinheit, die alle mathematischen Operationen mit Datenfeldern durchführt.
ROM	Read only memory; nur Lesespeicher, eine besondere Form von → Hauptspeicher, die mit einem bestimmten Inhalt vom Herstellerwerk geliefert wird, der nicht mehr geändert werden kann.
Schreibkopf	→ Lesekopf
Schriftbild	Die Druckertechnik bestimmt die Geschwindigkeit, die Qualität und den Variantenreichtum der Ausgabe. Es werden Berührungsdrucker (Impact) das sind Typenhebel, Kugelkopf, Typenrad, Nadel/Matrix, Ketten und Walzen sowie berührungslose (Non-Impact) das sind Tintenstrahl-, Wärme- und Laserdrucker unterschieden.

Software	Oberbegriff für alle Programme des Betriebssystems und der Anwendungsprogrammpakete, Pendant zur Hardware.
Softwareschnittstelle	Durch die Dokumentationsunterlagen und den Programmaufbau leicht bestimmbarer Punkt in einem Programm, an dem die Änderungen eingebaut werden können, die bei der Anbindung des betrachteten Programmes an ein anderes Programm oder eine zusätzliche Funktion notwendig werden.
Sollkonzept	Aufbauend auf der Beschreibung des momentanen Zustandes durch eine Ist-Analyse kann für die organisatorische Ablaufverbesserung ein neues Strukturschema entwickelt werden, das in einem Sollkonzept zusammengefaßt wird.
Stammdaten	Dateien, die sich nicht durch die geschäftliche Abwicklung sondern im Gegensatz zu den → Bewegungsdaten nur durch externe Ereignisse ändern.
Standardsoftware	Programmpakete, die so entwickelt wurden, daß sie einer größeren Zahl von Anwendern für deren Aufgabestellungen genügen, im Unterschied zu → Individualsoftware.
Steckerkompatibel	→ Hardwareschnittstelle
Steuerwerk	Baugruppe der → Zentraleinheit, die für die richtige Abarbeitungsreihenfolge der einzelnen Programmbefehle sorgt.
Streamer	Spezielles Bandlaufwerk, das die Daten von einer Platte in Form eines Datenstroms ohne Unterbrechung auf ein Magnetband überträgt. Dient im wesentlichen zur Datensicherung.
Strukturierte Programmierung	Programmentwicklungsmethode, die darauf abhebt, daß die Programme in übersichtliche Teilabschnitte gegliedert sind.
Systemmeldungen	Hinweise für den Bediener oder Anwender, die in der Regel auf eine fehlerhafte Verarbeitung aufmerksam machen, die vom Betriebssystem entdeckt wurde; → Programmeldungen
Task	→ Multitasking

Terminal	Datenstation, die in der Regel aus Tastatur und Bildschirm evtl. auch aus Drucker besteht und über eine größere Entfernung mit einem Rechner verbunden ist.
Textbausteine	Textstücke, die vom Benutzer je nach seiner Aufgabenstellung frei formuliert wurden und nach Bedarf zu längeren Texten (z. B. Briefe) zusammengesetzt werden.
Textverarbeitung	Erstellung und Bearbeitung von Texten mit Hilfe von Informationsverarbeitungsmaschinen, wodurch das mehrfache Schreiben derselben Textpassagen vermieden wird, auch wenn in eine bereits erfaßte Textstelle Änderungen eingebaut werden müssen.
Time sharing	Verfahren, um die hohe Rechnerleistungen größerer Computer gleichzeitig mehreren Benutzern zur Verfügung zu stellen, indem jeder Benutzer immer nur einen kurzen Zeitabschnitt der Rechnerleistung direkt zur Verfügung hat. Durch schnellen Wechsel zwischen allen Benutzern haben diese den Eindruck, sie würden allein am Rechner arbeiten.
Tool	(engl. = Werkzeug) Hilfsmittel zur Erstellung übersichtlicher, gut strukturierter und leicht pfleg- und änderbarer Programme.
Touch screen	(engl. = Berührung Schirm) Bildschirm, bei dem durch Deuten auf eine Position des Schirms eine Funktion ausgelöst werden kann.
Unix	Betriebssystem, das eine hohe Verbreitung bei sogenannten Microcomputern hat.
VLSI	Very large scale integration; besonders hohe Packungsdichte bei Chips, → LSI.
Wechselplatte	Plattenlaufwerk, bei dem der Plattenstapel ausgewechselt werden kann, so daß die Speicherkapazität mehrerer Plattenstapel über ein Laufwerk sukzessive genutzt wird.
Zentraleinheit	→ CPU
Zugriffszeit	Zeitspanne, die notwendig ist, um eine Information aus einem Speicher auszulesen, wenn bekannt ist, wo die Information im Speicher steht. Es wird unterschieden zwischen der Hauptspeicher- und der Plattenspeicherzugriffszeit.

Literaturverzeichnis

Beckurts, Karl Heinz; Reichwald, Ralf: Cooperation im Management mit integrierter Bürotechnik, München 1984.

Bernau, Gerhard: Überblick über die neuen Technologien, Köln 1985.

Meier, Bernd: Überblick im Wandel, Köln 1985.

Mertens, Peter: Industrielle Datenverarbeitung, Wiesbaden 1986.

Picot, Arnold; Reichwald, Ralf: Bürokommunikation. Leitsätze für den Anwender, München 1984.

Schwetz, Roland: Die Zukunft des mittleren Managements. Jahrbuch der Bürokommunikation 2: 102–107, Baden Baden 1986

Tenzer, Gerd (Hrsg.): Büroorganisation-Bürokommunikation, Heidelberg 1984.

Thome, Rainer: Datenschutz, München 1979.

Wolters, Martin F.: Der Schlüssel zur Computer-Praxis, Reinbek bei Hamburg 1983.

Intensivkurs für Führungskräfte

Stichwortverzeichnis

Abfragebefehl 87
– sprache 84
Algol 78
Alphabet 47
Amortisation 131
Anpassung 126
Anwendungsprogramm 71
– software 68
Arbeitsplan 166, 169
– platz 166
– platz, objektorientiert 29
– ,verrichtungsorientiert 29
– verwaltung 170
Assembler 74
– sprache 78
Auffangcharakter 196
Aufstellung 152
Auftragszeile 162
Ausbildung 148
Ausgabebefehl 87, 89
Auskunftsrecht 192
Automatisierung 26

Banddrucker 56
Bankterminal 59
Bar-Code 58
Basic 78
Baukastenstruktur-Stücklisten 168
Bedienungssicherheit 147
Befehl 86
– zähler 85
Benutzerfreundlichkeit 126, 149
– oberfläche 72, 149
Berichtigungsrecht 192
Betriebsdatenerfassung 60, 172
– system 67, 68, 136

– vereinbarung 172
– verfassungsgesetz 196
Big Brother 33
Bilanzierung 160
Bildschirmgerät 53
– text 99
Bit 32, 47
8-Bit-Rechner 136
16-Bit-Rechner 136
32-Bit-Rechner 137
Bonität 160
Bottom Up 109
Branchensoftware 68
Briefkasten, elektronischer 100
Büro, papierloses 176
Bürokommunikation 30, 164, 173
– techniken 177
Bundesdatenschutzgesetz 189, 192
Busnetz 175
Bytes 48

Checkliste 154
Chief-Programmers-Team 115
Chipcomputer 61
Cib 159, 172
CIM 159, 165
CNC-Maschine 40
Cobol 79
Code, maschineninterner 74
Codierer 37
Compiler 70, 73
CP/M 136

Data Base Management System 84
Datenbankverwaltungssystem 83
– erfassung 145

225

—flußplan 115
—kassen 60
—satz 25
—schutz 189
—schutz, Bundesbeauftragter für den 193
—sicherung 190
—sichtstation 53
—übertragung 97
—verarbeitung, interaktive 53
Datex 106
Dedicated Computers 65
Definitionsbefehl 87
Deskriptoren 180
Dialog 53
Diskette 53
Display 53
Dokumentation 145, 149, 160
Dokumentenretrieval 176, 180
Drucker 54
Druckliste 150
Dualzahlen 46

Echtzeit 62
EDV-Anlage 45
Einarbeitung 148
—gabebefehl 87, 89
—platz-System 61
—wohnermeldeamt 22, 25
—wohnerstammsatz 25
Einzelfertigung 165
Electronic Mail 176, 177, 179
Entwurf 128
Erstinstallation 137
Expertensystem 176, 180

Fakturierung 161
Fehlerfreiheit 121
Feinstudie 129
Fenster 185
Fernkopiergerät 102

Fertigungsauftragsverwaltung 171
Festplattenlaufwerk 52
Fibu 159
Finanzamt 29
—buchhaltung 159
Floppy-Disk 53
Formularentwurf 145, 150
Fortran 78
Funktionstasten 54

Gehaltsabrechnung 162
General Purpose Computer 62
Gigabyte (GB) 50
GPSS 112
Großcomputer 35

Halbleiterspeicher 49
Hardware 68
Hauptspeicher 48
Head-Crash 51
Hilfsregister 25

Individualbriefschreibung 164
—programm 72
Informationseinheit 32
—verarbeitung 45
—, dezentrale 138
—, zentrale 138
Integration 123
Intelligenz, künstliche 176, 180
ISDN 97, 177
Ist-Analyse 109
Ist-Zustand 37

Kapazitätswirtschaft 166
Kau 162
Kernspeicher 49
Kettendrucker 56
Kilobyte 49
Klarschriftleser 60
Kugelkopf 54
Kundenauftragsverwaltung 162

Ladefunktion 69
Lan 139
Landesdatenschutzgesetz 189
Laserdrucker 56
Lesekopf 52
Leser, optischer 58
Liquiditätssituation 160
Lochkarte 53
– streifen 53
Löschungsrecht 192
Lohnabrechnung 162
Losbildung 41
Lug 159, 162

Magnetband 50
Mainframe 62
Markierungsleser 60
Maschinensprache 37
Massenfertigung 165
Materialwirtschaft 166
Matrixdrucker 54
Medienbruch 176, 182
Megabyte (MB) 49
Mehrfenstertechnik 185
Mengenübersichtstückliste 169
Mensch-Maschine-Kommuni-
   kation 53
Mikrocomputer 60, 62
Modem 102
Mosaik 33
MS/DOS 137
MTBF 121

Nadeldrucker 54
Nassi-Shneidermann 115
Netz, lokales 139

Objektorientierung 127
– programm 70, 74
Ocr-schrift 58
Organisationsprogrammierer 115

– sachmittel 147
outside in 109

Paketvermittlung 107
Parallellauf 147
Pascal 78
PC/DOS 137
Personalcomputer 35, 61
Personalnummer 25
Personenkonten 160
Petri-Netze 113
Phasenkonzept 128
PL/1 78
Plattenspeicher 50
– stapel 32, 50
Plotter 58
Prioritätsregel 166, 172
Privatsphäre 33
Produktionsabwicklung 166
– bereich 165
– regelung 166
Programm 27
– ablaufplan 115
Programmierer 37
– sprache 73
–, problemorientierte 73, 78
Prozeßrechner 62
– steuerung 62

Quellenprogramm 84

Real Time 62
Rechenbefehl 87, 89
– werk 48
Retrievalsystem 180
Ringnetz 175
Rüstzeit 30

Sachkonten 160
Scanner 60
Schichtenmodell 183
Schnelldrucker 54

Schreibkopf 51
Schulung 144, 148
Seitendrucker 58
Server 139
Sicherungsdatenträger 52
– kopien 50
Simultanplanung 167
Software 68
Soll-Konzept 37, 109
Spannungskonstanthalter 153
Speech Filing 176
Speichereinheit 49
Sprachanmerkung 176, 179
Sprache, nicht-prozedurale 83
–, prozedurale 83
Spread Sheet 181
Sprungbefehl 87, 91
Stammdatenerfassung 151
Standardbriefschreibung 164
– programm 72
Statistik 150
Sternnetz 175
Steuerwerk 48
Strichcode 59
Struktogramm 115
Strukturstückliste 169
Stücklistenauflösung 171
– verwaltung 168
Stückzeit 170
– begriff 180
Sukzessivplanung 167
Supervisor 69
System, wissensbasiertes 180
Systemanalyse 27
– analytiker 37
– programm 68
– software 67

Tabellenkalkulation 181, 176
Tastatur 54
Teileschlüssel 146
– verwendungsnachweis 169

Telebrief 102
– fax 102
Telefon 97
– sprachspeichersysteme 178
Telegraphie 97
Teletex 104
Telexdienst 103
Terminal 33
Terminierungsrechnung 171
Terminwirtschaft 167, 171
Text 163
– erstellung 164
– verarbeitung 163
Tintenstrahldrucker 55
Top Down 109
Typenrad 54

Übersetzungsprogramm 70
Universalstückliste 169

Verarbeitungsbefehl 87
Vergleichsbefehl 91
Verweisorganisation 24
Vollständigkeit 124

Walzendrucker 56
Wartung 153
Wegrationalisierung 39
Werkzeugmaschinen 40
Wirtschaftlichkeit 130
Wunschliefertermin 167

Zahlensystem 46
Zehnertastaturblock 54
Zeichendrucker 54
Zeichnungsausgabegerät 58
Zeilendrucker 55
Zentrale 138
Zentraleinheit 48
Zugriff, wahlfrei 52
Zugriffsgeschwindigkeit 49
Zugriffszeit 52